Sei einfach nur schön

Die Deutsche Nationalbibliothek verzeichnet diese Publikation in der Deutschen Nationalbibliografie; detaillierte bibliografische Daten sind im Internet über http://dnb.ddb.de abrufbar.

Hofmann, Anita
Sei einfach nur schön
Die etwas andere Autobiografie
ISBN 978-3-948696-65-8

Redaktionsleitung: Dr. Matthias Slunitschek
Satz und Gestaltung: Molino Verlag GmbH
Fotografien: Andreas Zitt, Waha Press, Jörg Wendel, Renate Judek, Chris Danneffel, Claudia Thoma, privates Archiv
Druck und Bindung: GGP Media GmbH, Pößneck

ANITA HOFMANN

Sei einfach nur schön

Die etwas andere
Biografie

molino

Inhalt

Ein anderer Anfang

Ich glaube an ein Happy End

Es gibt Momente im Leben, in denen man sich fragt, ob das eigene Buch nicht anders hätte beginnen sollen. Man stellt sich vor, wie die ersten Seiten von Glück und Leichtigkeit erzählen, bevor auf einmal das Schicksal einen neuen Anfang schreibt. Mein Buch wurde am 1. Adventssonntag 2023 umgeschrieben – ein Tag, der normalerweise von warmen Kerzenlichtern und Vorfreude auf Weihnachten durchzogen ist. Doch für mich wurde dieser Tag zu einem schmerzhaften Neuanfang, da mein Vater starb.

Während ich nach den Worten für den neuen Anfang suche, muss ich daran denken, dass ein Buch nicht nur aus dem Anfang besteht. Es ist eine fortlaufende Erzählung, die sich entfaltet mit Höhen und Tiefen, mit schmerzhaften Verlusten, aber auch mit überraschenden Wendungen. Die Kunst besteht darin, auch in den dunklen Kapiteln die Hoffnung nicht aus den Augen zu verlieren und zu erkennen, dass die Geschichte weitergeht. Ich glaube an unser aller Happy End.

Anita Hofmann,
Dezember 2023

Wenn Schwestern auseinandergehen

Über das Ende und einen neuen Anfang

Wie eine Kündigung

»Was ist passiert? Wie konnte es dazu kommen? Ist das alles nur ein Traum?« So viele Fragen geistern unbeantwortet durch meinen Kopf. Unwirklich. Ich bin wie gelähmt. Wahrscheinlich fühlt es sich so auch an, wenn man urplötzlich eine Kündigung erhält. Von seinem Arbeitgeber. Ich weiß es nicht! Ich hatte noch nie eine solche Kündigung erhalten. Wie sollte ich das auch wissen, bin ich doch schon seit ich denken kann ohne einen Boss, einen Vorgesetzen unterwegs. Wobei: War ich das wirklich? Kann man einer Schwester kündigen?

Das frage ich mich die ganze Zeit. Zumindest fühlt sich dieser Schritt so an. Zuerst ausgesprochene Worte, dann umgesetzte Taten. Von meiner Schwester Alexandra, die neben mir wohnt, mit der ich mir ein Haus teile, eine gemeinsame Geschichte und auch ein gemeinsames Leben – miteinander und füreinander. Alexandras Ankündigung, eigene Wege zu gehen, ohne mich und meine jähe Einwilligung haben letztlich auch dazu geführt, dass unsere gemeinsame Zeit auf der Bühne offiziell beendet wurde. Das Duo Geschwister Hofmann, später Anita und Alexandra Hofmann, das für rund 35 Jahre nicht nur unsere musikalische Heimat, sondern auch unser gemeinsames Unternehmen war, findet damit ein Ende.

Ich bin betroffen, durcheinander, aber doch irgendwie kühl distanziert. »Kann man einer Schwester kündigen?«

Diese Frage war plötzlich in meinem Kopf und in meinem Leben. Natürlich löst sie sich von mir als gleichberechtigte

Geschäftspartnerin, nicht als Schwester. Aber unser Leben war schon immer so eng mit der gemeinsamen Musik verbunden, dass es mir schwerfällt, in diesem Moment darin einen Unterschied zu sehen.

Die Auflösung des Duos war schon längere Zeit im Gespräch. Hier und da hatte man auch öffentlich darüber spekuliert, ob wir jetzt getrennte Wege gehen werden. Und jetzt? Jetzt ist es wahr! Vielleicht ist das so wie mit dem Heiraten: Man braucht es nicht, um seine gegenseitige Liebe zu zeigen, aber irgendwie fühlt es sich doch anders an, wenn man es tut. Man hat das Gefühl, eine verbindliche Entscheidung getroffen zu haben und das in aller Öffentlichkeit und mit allen Konsequenzen. Die Entscheidung ist gefallen – das ist es, was mich jetzt so durcheinandergebracht hat, denn Entscheidungen treffen, das habe ich nie gelernt.

Wie soll man das auch, wenn man seit seinem elften Lebensjahr auf der Bühne steht? Unsere Karriere begann so früh, dass wir kaum Zeit hatten, das normale Leben von anderen Kindern und Jugendlichen zu führen. Während andere in der Schule waren oder ihre Freizeit mit Freunden verbrachten, tourten wir von einem Auftritt zum anderen, von einer Stadt zu nächsten, von einem Bierzelt zu einem weiteren. Die Bühne war unser Klassenzimmer und die Musik unser Lehrer. Die Entscheidungen, die wir trafen, drehten sich um Songs und Shows – nicht um den Alltag oder um unsere Zukunft.

Als Schwestern sind wir so verschieden wie Tag und Nacht. Viele Fans denken zurecht, dass wir uns als Duo perfekt ergänzt haben. Aber hinter den Kulissen waren unsere Persönlichkeiten wie zwei Instrumente, die manchmal harmonisch verschmolzen sind, aber oft genug dissonant aufeinanderprallten.

Wenn man so unterschiedlich ist – hat man da überhaupt eine Chance, ganz man selbst zu sein? Wie sollte man für immer und ewig gemeinsam glücklich werden, wenn man so unterschiedlich ist? Ist es deshalb nicht besser, wenn sich beide ihren freien Raum suchen und sich nicht gegenseitig die Luft zum Atmen nehmen?

In meiner Teenie-Zeit hatte ich über 300 Auftritte im Jahr. Zeit, um dabei auf eigenen Beinen zu stehen, gab es nicht. Obwohl ich erwachsen werden wollte. Eigene Entscheidungen treffen, dafür geradestehen und im Leben Erfahrungen machen. Mein Umfeld meinte es gut und traf auch für mich Entscheidungen. Entscheidungen, die aus deren Sicht scheinbar gut für mich waren. Aber was war gut für mich? Woher sollten das andere wirklich wissen, standen sie mir auch noch so nah? Ich habe es zu oft geschehen lassen, habe mich angepasst. Sicher auch aus Bequemlichkeit. Doch Anpassung kann zu einem Leben führen, das nicht zu einem passt. Dieser Satz stammt von Ernst Ferstl, einem österreichischen Schriftsteller, dessen folgendes Zitat mein Leben begleitet: »Die Kunst eines erfüllten Lebens ist die Kunst des Lassens. Zulassen. Weglassen. Loslassen.« Nach langem Zulassen bin ich nun beim Weglassen angekommen. Wie wird dann das Loslassen sein?

Es sind diese Fragen, die mich quälen. Die Entscheidung, die nun meine Schwester getroffen hat und letztlich dann auch ich, zwingt mich dazu, über mein eigenes Leben nachzudenken. Wie fühlt es sich an, alleine auf der Bühne und auch einsamer im Alltag dazustehen? Werde ich in der Lage sein, die richtigen Schritte zu gehen, die jetzt notwendig sind? Wird es mir gelingen, jede Unsicherheit zu vertreiben? Eines weiß ich: Es ist an der Zeit, nicht mehr in die Vergangenheit zu blicken, sondern nach vorne zu schauen. Es ist für jede von uns an der Zeit, herauszufinden, wer wir wirklich sind. Jede von uns ist mehr als die eine Hälfte des Duos. Es wird eine Reise ins Unbekannte sein, eine Reise, bei der jede von uns lernen muss, Entscheidungen für ihr eigenes Glück zu treffen – auch wenn das bedeutet, die Schwester nicht mehr an der Seite zu haben. Jedenfalls nicht mehr in dieser Art wie die letzten 35 Jahre.

Andere würden ihren Frust vielleicht in Alkohol ertränken. Ich mache mir nichts daraus. Deshalb sitze ich in der Nacht nach unserem wegweisenden Gespräch mit einem Glas Cola Zero und einer Tüte Paprika-Chips am Schreibtisch und durchforste Artikel, Kommentare und Interviews, die über die Jahre hinweg entstanden sind. Es ist so etwas wie ein kleiner Abschied von unserem Duo. Ich tauche noch einmal ab in die letzten Jahrzehnte. Ich sehe uns in Trachten, mit unzähligen Frisuren und Moden. Die Geschwister Hofmann waren auch ein Stück Geschichte der volkstümlichen Musik – ein Teil dieser Zeitgeschichte. Wir waren in allen Shows und standen auf allen Bühnen. Überall waren wir bestens gelaunt. Doch kommt es zum Gespräch nach dem Auftritt oder in einer Talkshow, dann sehe ich, wie ich mich zurücknehme und kaum zu Wort komme. Das nehme ich niemandem übel, aber ich kann doch nicht ignorieren, dass ich oft genug nicht die war, die ich sein mochte und tief im Herzen auch schon immer war.

Ich klicke weiter und will einfach so und für mich allein verstehen, wie uns die Welt sieht und wie wir uns der Welt präsentiert haben. Entspricht unsere Identität als Duo und als Künstlerinnen den Schlagzeilen? Was ist und war 100 Prozent Anita und was 100 Prozent Alexandra? Ich klicke mich hier durch die Medienwelt, alles voll von Erwartungen und Projektionen, in der die Blätter, Fernsehsender und die Öffentlichkeit uns eine Rolle zuweisen. Sie beschreiben mich als die zurückhaltende Schwester, die sich im Schatten ihrer extrovertierten Gesangspartnerin bewegt. Andere loben meinen Ausdruck, finden mich geheimnisvoll. Ich bekomme viel Gutes gesagt. Da konnte ich mich nie beschweren. Trotzdem fühle ich mich wie eine Figur in einem Theaterstück, das von anderen geschrieben wurde. Wer war das? Meine Eltern, meine Schwester, die Musikbranche? Wie will ich sein? Und warum habe ich erst so spät gemerkt, dass ich anders wahrgenommen werde als ich bin? Warum bin ich nicht schon früher einfach ausgebrochen aus meinen zugeschriebenen Rollen?

Ich klicke weiter und sehe die andere Seite, dass nämlich nicht alles nur Show war! Alexandra und ich waren authentisch auf der Bühne und hinter der Bühne, vor dem Mikrofon und im Gespräch nach der Sendung. Immer wieder stoße ich auf Passagen in Interviews, in denen Alexandra und ich so ehrlich waren, dass ich Gänsehaut bekomme. Darf man über so etwas in der Öffentlichkeit reden? Oder war das sogar unsere Rolle? Lag nicht die Faszination der Anita und Alexandra Hofmann darin, dass hier zwei Schwestern einen hintergründigen Familienzwist, ein ehrkäsiges Konkurrenzverhältnis, wie man es nur von Geschwistern kennt, auf die Bühne getragen haben?

Ich komme mit meinem Geklicke langsam in die Gegenwart der Corona-Pandemie, die uns alle so mitgenommen hat. Persönlich und beruflich. In der Fernseh-Doku des Südwestrundfunks (SWR) »Wilde Zeiten für Schlagerschwestern« sprechen wir über unsere Erlebnisse, die uns zu dem gemacht haben, wer wir heute sind.

Ich erzähle von den vielen Jahren, in denen ich an einer schweren Neurodermitis gelitten hatte. Das wird später im Buch noch ein wichtiges Kapitel für mich werden. Ich freue mich vor der Kamera, den Kampf gegen die Krankheit gewonnen zu haben – und auch über meine neueste Anschaffung, eine Ukulele. Meine Instrumente sind seit meiner Kindheit mein liebster Schatz.

Zwischenrein fallen Worte, an die ich mich nicht mehr erinnern kann. Aber ich höre mir in dieser TV-Doku gerne zu. Höre meine Worte, die aufrichtig sind, auch wenn sie womöglich anecken und missverstanden werden. Über die Jahre meiner Krankheit sage ich: »In dieser Zeit hat Alexandra sehr viel im Büro alleine gearbeitet. Ich war dann, Gott sein Dank, bei den Auftritten immer da. Nur hinter den Kulissen war es durch die Krankheit sehr schwer. Und dadurch ist sie auch sehr dominant geworden.« In meiner Stimme schwingt kein Vorwurf, ich erkläre nur, was geschehen ist: Meine Schwester war da – für uns und für mich. Das würde ich niemals leugnen. Weiter sage ich: »Ja, in der Tat ist sie sehr dominant. Da ist es sehr schwierig nebendran zu bestehen. Ich finde mich jedes Jahr mehr, finde immer mehr auch zu meiner Ruhe.«

Jetzt ist das Gefühl wieder jenes, das ich während des Interviews hatte. Ich erinnere mich wieder. Wer versichert, dass er mehr und mehr zur Ruhe findet, ist vor allem von einem geplagt: von Unruhe. Und wie! Jedes Jahr und jeden Tag habe ich sie besser unter Kontrolle bekommen. Aber sie war da. Diese Unruhe hat mir nicht geschadet, denn sie hat mich auch wachsam werden lassen. Ich habe gelernt – das weiß ich heute – auf mich selbst zu hören, mir und meinen Gefühlen zuzuhören. Das hat aber Jahre gedauert. Schon in unserem gemeinsamen Buch »Geschwister Hofmann – Bilderbuch einer musikalischen Karriere« aus dem Jahr 2003 beschreibe ich auf Seite 46 Alexandra so: »Sie ist ein richtiger Feldwebel. Ich nenne sie immer Napoleon. Ihre morgendliche Begrüßung heißt: ›Anita hol mir mal ...‹, so nach dem Motto: Was du heute kannst besorgen, das lass lieber Anita besorgen.«

Wer den anderen für dominant hält, der hält eigentlich sich selbst für ohnmächtig. Darüber lässt sich nicht streiten. Jeder ist, wie er ist. Leichter als andere zu ändern ist, sich selbst zu ändern. Man muss diese Änderung dann aber auch lückenlos leben. In dieser TV-Doku habe ich es sanft ausgesprochen: Ich finde zu meiner Ruhe. Ich lass mich nicht hetzen von Erwartungen, auch nicht von meinen eigenen. Ich bin nicht ohnmächtig, ich bin voll da im Bewusstsein dessen, was ich kann. Ich habe lange genug auf meine eigenen Mängel geschaut. Wenn ein Gegenüber dominant ist, dann sei nicht dominanter, sei du selbst.

Ich habe es mir so bequem gemacht und mich vielleicht auch zu oft beschwert, statt eine Entscheidung zu treffen. Dann hat halt Alexandra entschieden. Auch für mich. Das kann man als Dominanz ansehen. Auch wenn das nicht so augenscheinlich wirkt, ich kann mich durchsetzen und für meine Meinung, meine Wünsche einstehen. Aber: Ich mache das nicht um jeden Preis. Viel zu oft wird viel zu viel zerstört, nur um seinen Willen zu bekommen. Was ist das dann für ein Erfolg? Ein Pyrrhussieg. Bei mir gibt es Grenzen. Und dann stecke ich lieber zurück. Wie man es dreht und wendet, wir sind verschieden und das war und ist gut so.

Auch Alexandra spricht über unser Verhältnis in der SWR-Doku und führt vor der Kamera ein Gespräch, das wir vielleicht viel früher und unter vier Augen hätten führen sollen. Zitat Alexandra: »Meine Schwester ist auch eine starke Persönlichkeit in ihren Bereichen. Aber ich weiß halt auch, dass ich sehr viel Platz einnehme. Für mich manchmal auch schwer, mich zurückzunehmen. Das gebe ich offen und ehrlich zu. Ja, ich bin …«, dann bricht sie ab und sagt schließlich: »Manchmal habe ich so viel Energie, dass ich vielleicht so ein bisschen auch die Angst habe, dass ich vielleicht manchmal meine Schwester auch überrenne damit und ihr vielleicht nicht den nötigen Platz lasse, den sie in dem Augenblick braucht. Weil ich das Gefühl habe, ich platze jetzt mit meiner Energie. Also, da bin ich nach wie vor einfach noch auf der Suche danach: Wo ist denn mein Hebel, dass ich mich ein bisschen zurücknehme?« Wirklich: Meine Schwester ist ein Energiebündel! Aber ich glaube, dass es weder notwendig ist, bei mir die vermeintliche Zündung zu finden noch bei ihr die Bremse. Wir beide laufen auf Hochtouren – jede auf ihre Weise. Ich bin der Meinung, in unserem Beruf muss man sich nicht nur für die eine Idee entscheiden. Nehmen wir deine oder meine Idee? In unserem Beruf können alle Ideen leben. Man kann eigentlich nie genug davon haben. Wir haben die Freiheit, alles umsetzen zu können. Da braucht es keine Bremse – aber auch keine Dominanz, die Ideen womöglich vernichtet.

Wir können uns nicht aussuchen, wie wir sind und unser Erfolg hat dem, wie wir gelebt und gearbeitet haben, recht gegeben. Ich glaube heute, dass wir einfach rausgewachsen sind aus dem Zwillingslook. Optisch schon lange, jetzt auch von unserer Persönlichkeit her, die wir auf der Bühne zeigen möchten. Hundertprozentig, ohne Abstriche. Das ist unser Leben. Es fragt nicht, was sein sollte, darf oder kann. Es passiert einfach. Ob man will oder nicht.

Wir sind beide am Wachsen, haben uns aus der Zeit der gemeinsamen »Kostümchen« emanzipiert und wir fühlen uns da wohl, wo wir jetzt stehen: selbstbestimmt, auf eigenen Beinen und ohne vorauseilende Rücksicht auf die andere. Wir haben unsere Rollen, in die wir reingewachsen sind, nicht ausgesucht. Jedenfalls bedeutete unser Leben für mich und vielleicht auch für meine Schwester zu einer gewissen Zeit so etwas wie Komfort: Du musst dich nicht verändern. Das ist ein Trugschluss! Klar heißt es: »Never change a winning team«. Wir haben mit Anita und Alexandra Hofmann, früher als Geschwister Hofmann, viele Fans gewonnen. Was bedeuten Erfolg und Gewinn aber, wenn beides dich nicht hundertprozentig glücklich macht? Alexandra und ich haben uns letztlich beide dafür entschieden, das Team zu wechseln und solo weiterzumachen, jede für sich. Jede mit ihren eigenen Ideen, die nun ungehindert sein und wachsen dürfen. Mit der eigenen Geschwindigkeit. Mit alldem stehen wir wieder Seite an Seite, wenn auch künftig als Kolleginnen in derselben Branche.

In diesem Jahr wird meine Schwester 50 Jahre und ich wünsche ihr von Herzen alles Gute für ihre Musik, für ihre Kunst und für ihre Familie. Sie wird sicher ihren Weg gehen, genauso wie ich. Keiner unserer Fans muss sich zwischen ihr und mir entscheiden. Wir haben verschiedene Geschmäcker, sind verschiedene Typen, gehen musikalisch auch in komplett unterschiedliche Richtungen. Für jeden Fan ist hier etwas dabei.

Jetzt, nachdem ich länger darüber nachgedacht habe, mein Glas Cola Zero leer ist (und auch die Chipstüte), sage ich es mit Gewissheit: Jede für sich ist mehr als die Hälfte des Duos. Das werden wir beide – jede auf ihre einzigartige Art und Weise – der Welt zeigen.

Mein erster Schultag 1983.

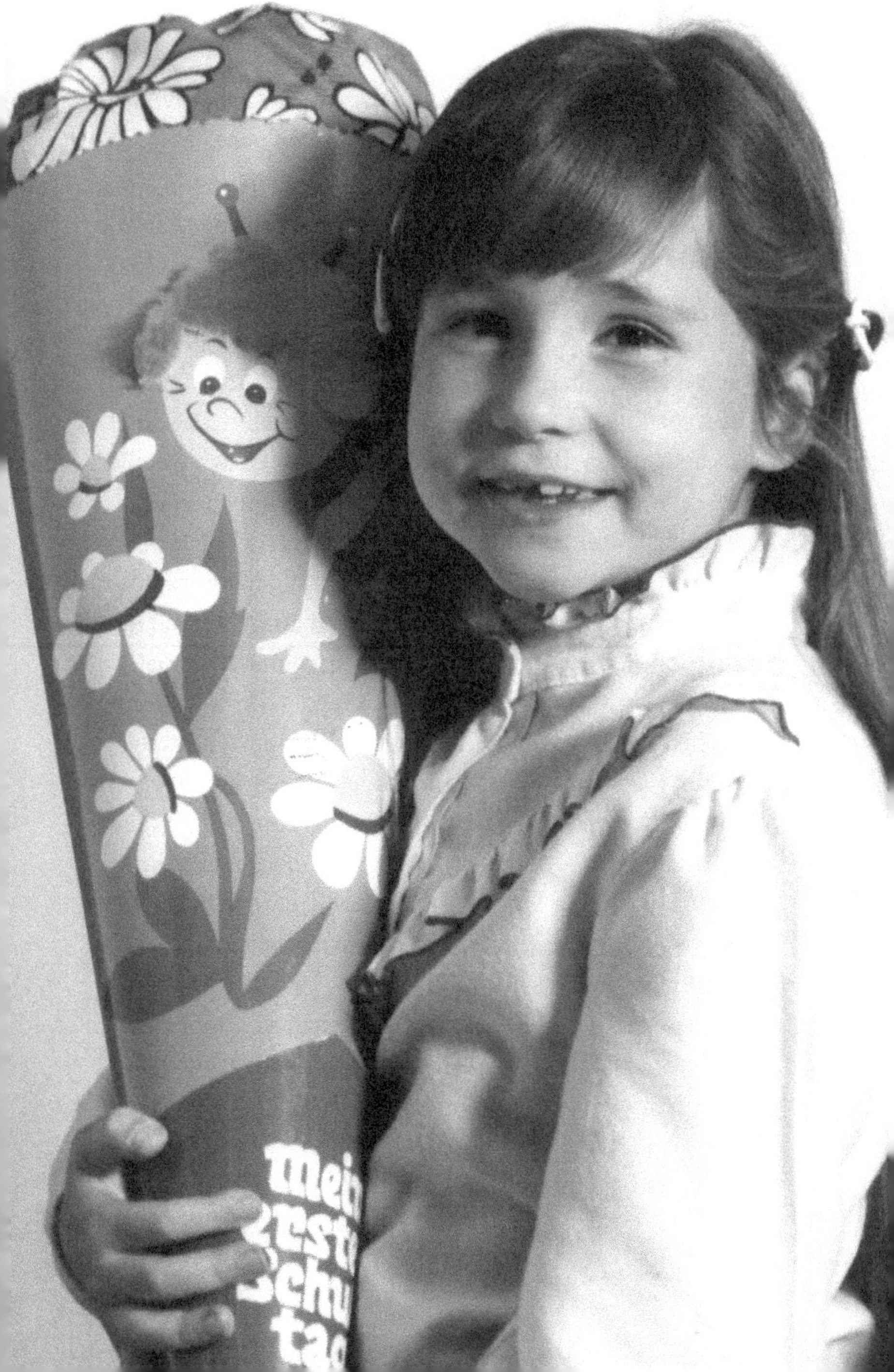

Schneewittchen

Sei einfach nur schön!

Als Kind musste ich eigentlich nie Verantwortung übernehmen. Ich wurde von den unbequemen Seiten des Lebens abgeschottet. »Sei einfach nur schön!« war etwas, was ich oft zu hören bekam. Irgendwie habe ich das Gefühl, dass dies die einzige Aufgabe war, die mir übertragen wurde. Schön sein, nicht stark oder eigenständig, nur schön sein.

Da ich damals noch sehr jung war, als es beruflich mit uns richtig losging, wollte man mich wohl beschützen vor der Welt da draußen. Doch tut man einem Kind keinen Gefallen, wenn man es vor der Realität beschützt, es aber eigentlich davon abschottet und ihm dadurch zunehmende Verantwortung abnimmt. Wie soll man so eigenständig heranwachsen? Kann man nicht schön und eigenständig und dadurch auch stark sein? Heute kann ich sagen: doch, man kann! Viel war es nicht, was ich wollte: selbst entscheiden, in bestimmten Bereichen mitentscheiden und neben meinem Fulltime-Job auch Zeit für mich haben, um auszugehen, gleichaltrige Menschen kennenzulernen und bestenfalls Freundschaften aufzubauen. Ich spüre es heute fast täglich, dass meine individuelle Entwicklung lange Zeit auf der Strecke geblieben ist, dass ich noch so viel zu lernen habe. Aber vielleicht ist das ja auch ganz normal in meinem Fall.

Keine Frage: Wohl fühlte ich mich schon hinter meiner schönen Kulisse, in meinem Job und mit allem, was dadurch passierte. Ich kannte es ja auch nicht anders. Doch meine Versuche, parallel dazu erwachsen zu werden, wurden immer wieder abgeblockt. Statt zu streiten, verkroch ich mich in meinem Schneckenhaus. Nach einiger Zeit fasste ich wieder Mut, dort herauszukommen, um schon bald mit Anlauf erneut zu versuchen, Entscheidungen zu treffen und durchzuboxen – für mich. Doch wiederholt wurde ich nicht gehört und ich fand mich schneller wieder in meinem Schneckenhaus, als ich denken konnte. Unterstützung bei meinen Versuchen gab es nicht, von niemandem. Dass so ein Teufelskreis, aus dem man nicht rausfindet, immer wieder enttäuscht, tief frustriert und irgendwann auch krank machen kann, seelisch wie körperlich, scheint wohl unausweichlich.

Schönheit und Fassade

Als ich endlich an dem notwendigen Punkt angelangt war, mich kritisch mit meiner Vergangenheit auseinanderzusetzen, habe ich etwas getan, was sich wahrscheinlich zunächst seltsam anhört: Ich habe mir das alte Buch von Jacob und Wilhelm Grimm geschnappt, das in meinem Regal steht, und das Märchen von Schneewittchen gelesen. Das Schneewittchen ist so weiß wie Schnee, so rot wie Blut und so schwarzhaarig wie Ebenholz. So wunderschön es nach außen hin ist, so ein guter Mensch mit guten Werten ist es auch im Inneren. Schneewittchen ist eine perfekte Frau. Aber sie ist – das ist mir erst jetzt als erwachsene Frau aufgefallen – kein Charakterkopf. Sie ist nicht individuell, eigenwillig, sie eckt nirgends an. Schneewittchen ist das Klischee einer heilen Welt und in die passt sie auch hervorragend: in eine Welt, in der am Ende alles wieder gut ist.

Warum aber hatten mir meine Eltern den Spitznamen »Schneewittchen« gegeben, als ich ein Kind war? Hatte dieser Name überhaupt jemals wirklich zu mir gepasst? Ich hatte als Kind nicht nur dunkelbraune Kulleraugen, sondern wie

Schneewittchen lange dunkle Haare, die mir bis zu den Oberschenkeln reichten. Mein Teint war hell, wie der von Schneewittchen, weswegen das Rot meiner Lippen dann besonders ins Auge stach.

Ich war ein zartes Mädchen, das eine vollkommen unbeschwerte Kindheit hatte. Alle Schwierigkeiten, die das Leben so mit sich bringt, wurden mir aus dem Weg geräumt. Mir wurde alles abgenommen, was mich Mühe und Energie gekostet hätte. Das war einerseits sehr angenehm, aber es schottete mich auf gewisse Weise auch vom realen Leben ab. Das kann ich ohne Vorwurf sagen, denn eine schöne Kindheit ist nicht selbstverständlich! Wie die Märchenfigur Schneewittchen war ich nach außen hin geradezu ideal. Innerlich war ich in einer Traumwelt gefangen, in der es nie etwas Böses gab und die mich mit guten Eigenschaften wie Ehrlichkeit und Zuverlässigkeit ausgestattet hatte. Schneewittchen und ich: War der Name wirklich passend? Nur auf den ersten Blick. Meine Eltern hatten sich bei meinem Spitznamen natürlich nicht so viele Gedanken gemacht. Aber ist es nicht doch so, dass man als Kind allen Erwartungen und den Bildern, die Menschen von außen haben, entsprechen möchte?

Auch bei Schneewittchen im Märchen läuft nicht alles rund, weil ihm seine Schönheit eines Tages zum Verhängnis wird. Seine Stiefmutter kann es nämlich nicht ertragen, dass Schneewittchen schöner ist als sie selbst. Schneewittchen lebt inzwischen bei den sieben Zwergen, aber seine böse Stiefmutter kommt als Krämerin verkleidet vorbei und schenkt ihm einen vergifteten Apfel. Ich habe keine böse Stiefmutter, mein Leben wurde niemals in irgendeiner Art und Weise wie jenes von Schneewittchen bedroht. Aber ich hatte dennoch einen durchaus realen Feind: meine Krankheit – die Neurodermitis, die mich von der Geburt an begleitete. Es ist doch so wie überall im Leben. Es gibt nicht nur das Schlechte und Bedrängende von außen, sondern auch die Abgründe, Krankheiten und schlechten Gedanken in dir. Bisweilen wäre mir eine böse Stiefmutter lieber gewesen als das undefinierbare Etwas, das mich mit Juckreiz, Ausschlag und Eiterpickeln plagte. Klar, das Schminken vor Auftritten gehörte zu meinem Job. Damit kam ich wunderbar klar. Doch nun musste ich mit den zahlreichen Mitteln, die wir Frauen so nutzen können, eine Fassade der Schönheit aufrechterhalten, die es so durch meine Krankheit auf natürliche Weise nicht mehr gab. In diesen Zeiten konnte ich nicht einfach Schneewittchen sein. Ich musste mich zuerst mit Make-up zukleistern, bevor ich öffentlich in Erscheinung treten konnte. Ich erinnere mich noch an viele private Bilder, die man ungeschminkt von mir machte. Manchmal sah ich dabei ungeschminkt nicht mehr wie die Schöne aus, sondern viel mehr wie das Biest. Das fühlte ich dann auch so!

Mir ist deshalb jetzt nach dem Lesen von Schneewittchen bewusst geworden, dass ich mich in einem ganz bestimmten Punkt immer von ihm unterschieden habe: mein wunderschönes Äußeres und mein Inneres harmonierten nicht so gut miteinander, wie ich es geglaubt hatte. Meine Neurodermitis war ein sicheres Zeichen dafür, dass ich mich nicht wohlfühlte in meinem Körper. In der Pubertät verschwand meine Neurodermitis dann, um einer Lebensmittelallergie Platz zu schaffen. Als ich schließlich erwachsen war, kam die Neurodermitis zurück. Mein Körper zeigte mir immer noch, dass irgendwas nicht stimmte, aber ich hatte damals keine Ahnung, was das sein sollte.

Wir können Krankheiten nicht bis ins Kleinste verstehen und erklären. Ich bin auch keine Ärztin. Doch es gibt natürlich einen Zusammenhang mit dem eigenen Lebensstil. Die Neurodermitis war die Disharmonie in meinem Leben. Dagegen steht die Magersucht, die mich auch lange Zeit plagte, für die unbedingte Suche nach Freiheit und Selbstständigkeit. Wie es zu alldem kam, beschreibe ich in den nächsten Seiten.

Mein Leben wurde in dieser Zeit streng von anderen Menschen organisiert, weil man es gut mit mir meinte und weil man nur mein Bestes wollte. Darin liegt die Tragik dieser Jahre: Alle meinten es ja nur gut und ich litt daran, wie ohnmächtig in Watte eingepackt zu sein. Wer so lebt, dem tut jede Berührung mit der Außenwelt weh, der hat keine Schutzschicht, auf die er sich verlassen kann.

Als Kind war ich brav, gehorchte und vertraute. Ich eckte nicht an. Ich wollte nur, dass man stolz auf mich war. Als Teenager wuchsen in mir ganz normale Wünsche: Klamotten selbst aussuchen, Verantwortung für das eigene Tun übernehmen, die Außenwelt kennenlernen, Freunde treffen. Allein schon beim Thema Klamotten: Wie soll man seinen eigenen Kleidungsstil entwickeln, wenn man sich nicht ausprobieren kann oder darf? Es gehört doch zum Reifeprozess eines Heranwachsenden, dass man bei allem Tun auch mal danebengreift, einen Fehler macht. All das gehört dazu, um herauszufinden, wer man ist, was zu einem passt und was nicht. Wer hatte in so jungen Jahren einen Stylisten um sich? Ich.

Oder sich mit Freunden treffen. Bei 200 Auftritten im Jahr und neben der Schule sehr schwierig zu realisieren. Mit 18 Jahren einfach mal mit einem Auto wegzufahren, gab es für mich nicht. In meinem Leben war alles durchgetaktet. Die normalsten Alltagsprobleme habe ich nicht mitbekommen und somit auch nie kennengelernt. All das hielt man von mir fern. Es hieß immer: Ich sollte mich aufs Wesentliche konzentrieren und das war mein Job. War lieb gemeint. Aber lieb gemeint ist nicht immer gut gemacht – wie in meinem Fall. Im Nachhinein wünsche ich mir mehr Eigenverantwortung. So hätte ich vielleicht leichter in meine wahre Rolle reinwachsen und zu mir selbst finden können.

Persönliche Entwicklung hätte mir gutgetan. Stattdessen habe ich nur eine Möglichkeit zur Eigenverantwortung und Selbstbestimmung gesehen. Ich konnte wählen, was und wie viel ich essen wollte oder auch nicht. Es mag komisch klingen, aber hier hat mir keiner reingeredet. Essen war für mich immer ein Stück Freiheit. Vielleicht die größte Freiheit, die ich zu einem gewissen Zeitpunkt erleben durfte. Mir ging es nicht darum, ob etwas lecker schmeckt, oder nicht. Es waren die einzigen Inseln im Tagesverlauf, auf denen mein Ja oder Nein zählte. Auch hier schwingt in meinen Erinnerungen keine Anklage mit – nur eben die Tragik, dass ich am meisten darunter litt, vollkommen umsorgt zu werden.

Zu der Magersucht in meinen jüngeren Lebensjahren kam noch mein Babyspeck dazu, der anfing, mich extrem zu stören. Die Show-Branche – eine perfekte Glitzerwelt, in der Babyspeck keinen Platz hat.

Meine Schwester hatte zu diesem Zeitpunkt schon eine weibliche schlanke Figur. Sie war eben auch ein paar Jahre älter als ich, ihr Babyspeck hatte sich schon verwachsen, wie man so schön sagt. Bei mir hingegen war von einer Frau noch nicht viel zu sehen. Meine Figur war eher, wie soll ich das treffend sagen, linear, also geradlinig. Ich begann, jede Delle und jedes Gramm Fett als störend zu empfinden, während ich dabei zu meiner Schwester aufblickte. Ich war es ja von klein auf gewohnt, mich immer mit ihr zu vergleichen. Und dann trugen wir lange Zeit auch noch die gleichen Klamotten. Wie soll man da eine eigene Identität entwickeln, sich individuell oder sogar einzigartig fühlen. Ich habe uns immer verglichen. Ein typisches Geschwisterdilemma, das bei uns aber noch viel größere Ausmaße angenommen hat als sonst üblich, denn zudem hat man uns auch immer von allen Seiten verglichen. Lange Zeit wurden wir regelrecht zu Zwillingen gestylt, was wir aber nie waren, denn wir waren und sind so unterschiedlich wie Tag und Nacht.

Der Vergleich unter Geschwistern war das eine. Das andere waren die Zweifel. Vor allem wollte ich nicht mehr an meinem Körper zweifeln müssen. Wenn du auf der Bühne stehst und dich nicht hundertprozentig wohlfühlst, frisst dich das mit der Zeit auf. Unfreiheit und Selbstzweifel wurden für mich zu einer toxischen Mischung, die letztlich zu einer Essstörung führte. Zuerst war es die Macht, die ich auslebte, selbst zu entscheiden, was ich esse, wann ich was esse und wie viel ich esse. Nur ich selbst konnte das festlegen, sonst niemand. Das war ein gutes Gefühl.

So begann ich, auf meine Ernährung zu achten. Mein neues Essverhalten hatte positive Auswirkungen auf meinen Körper. Ich verlor nicht nur Gewicht, sondern fühlte mich auch fitter als jemals zuvor. Der Zeitpunkt, an dem meine Ernährungsweise schließlich vom Positiven ins Negative kippte, war ein schleichender Prozess und der Übergang so fließend, dass ich ihn nicht bemerkte.

Ich wollte den perfekten Körper

Ich träumte davon, so zierlich wie eine Tänzerin auszusehen und auch so begnadet tanzen zu können. Es blieb lange bei diesem Traum, denn Tanzen lernen war in unserer Heimat nicht möglich. Statt eventuell zum Ballettunterricht gehen zu können, gab es die Option, einem Fußball-, Feuerwehr- und Musikverein beizutreten. Das war in unserer Region jederzeit möglich. Aber Tanzen? Nirgends in der Nähe ein Tanzlehrer. Also träumte ich weiter vom Tanzen und bewunderte dabei auch das Deutsche Fernsehballett. Wenn ich schon nicht tanzen lernen kann, dann will ich wenigstens so aussehen wie eine Tänzerin. Doch umso mehr ich eine Verwandlung erzwingen wollte und umso mehr ich selbst nach Schönheit und Perfektion strebte, desto weiter entfernte sich mein Traum vom perfekten Körper. Perfektion ist immer nur Einbildung und unerreichbar. Aber als junges Mädchen versteht man das nicht und läuft in die Falle, die man sich jeden Tag selbst stellt.

Irgendwann kam ich an einen Punkt, da konnte ich selbst dann nichts mehr essen, wenn ich es wollte. Es war wie eine innere Stimme, die mir immer wieder einflößte: Ich bin nicht okay! Anfangs zählte ich noch die Kalorien. Das ging dann so weit, dass ich sogar ein schlechtes Gewissen bekam, wenn ich mal etwas aß. Auch der Spiegel täuschte mich. Beim Blick hinein sah ich keine magere Person mit 43 Kilo. Ich sah immer meine Schwachstellen. Ich musste doch perfekt sein. Eben wie eine Tänzerin. Ich befand mich in einer Spirale, die sich immer weiter nach unten drehte.

Mittendrin war diese schreckliche innere Stimme, die mich hungern ließ, die mich peinigte, wenn ich etwas mehr Nahrung zu mir nahm. Durch meinen Job wurde ich immer wieder zum Essen eingeladen. Essen gehört zur Gesellschaft. Hat man dann aber Essstörungen wie ich seinerzeit, gehört man nicht mehr dazu. Diese sozialen Zwänge führten dazu, dass meine Essstörungen, die ich zweifelsfrei hatte, zu einer Bulimie führten. Ich täuschte normales

Essverhalten vor, um mich danach über der nächsten Toilette zu übergeben, denn zu viel essen durfte ich nicht, wie mich die innere Stimme stets maßregelte. All das wurde schon bald zu einer Sucht, die einem befreundeten Arzt allmählich auffiel. Der informierte meine Eltern.

Von Magersucht gekennzeichnet 1998.

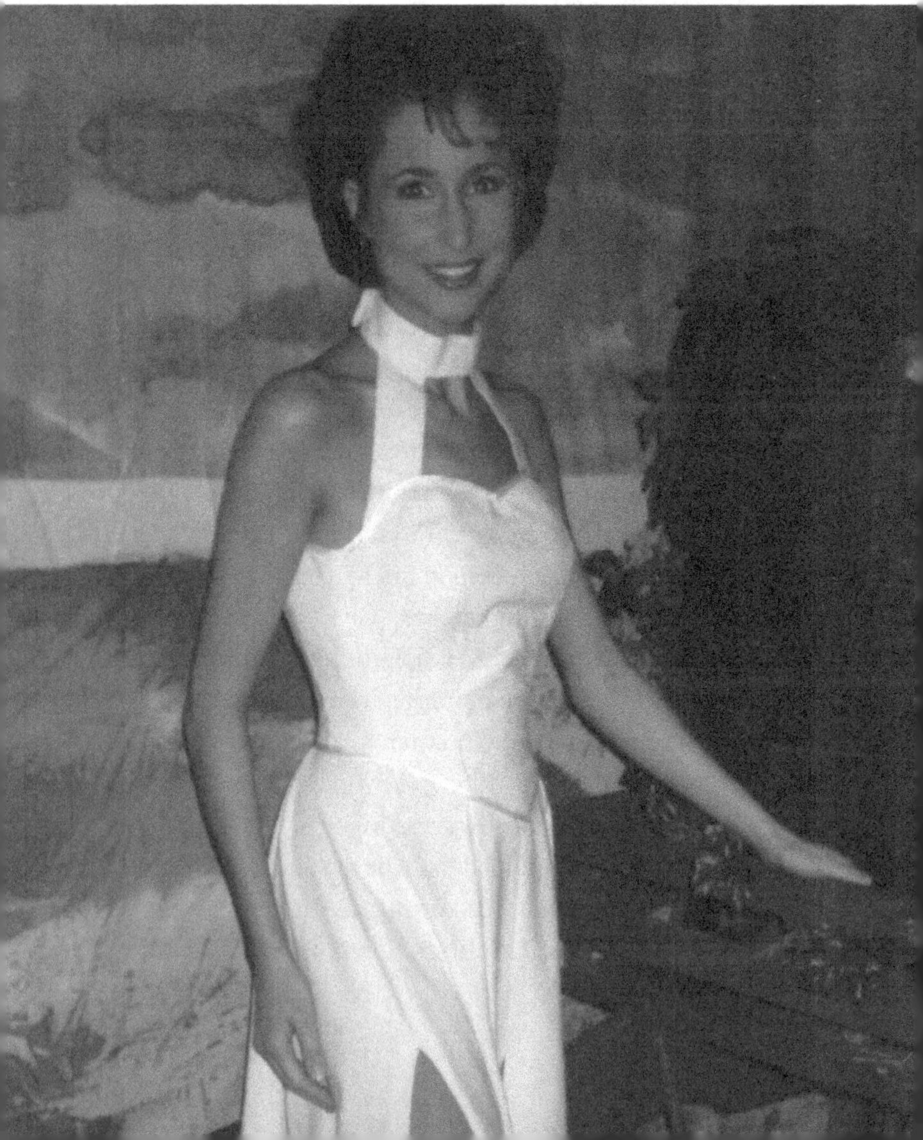

Was mich aber mehr und mehr weggebracht hat von der Bulimie und auch von der Magersucht war eine analoge Körperwaage, deren Anzeige nicht korrekt war, was ich aber nicht wusste. Sie hat einfach immer weniger Kilogramm angezeigt, als ich tatsächlich gewogen habe.

Das ermutigte mich, wieder mehr zu essen – sehr zur Zufriedenheit der inneren Stimme. Zum anderen hat mir hier und in meinem Leben auch die Liebe geholfen, diese Krisen zu überstehen, wobei die Liebe selbst auch einige weitere Krisen nach sich zog. Darüber werde ich in einem späteren Kapitel mehr erzählen. Was ich rückblickend festgestellt habe, ist, dass jede Sucht eine Suche nach irgendetwas ist. Die Aufgabe für die Betroffenen ist, das zu finden, nach was man sucht. Bei mir war es die Suche nach Freiheit und Liebe, nach dem Gefühl: Ich bin okay genauso, wie ich bin.

Neben meiner Magersucht setzte mir auch meine Neurodermitis sehr zu. Wer mich kannte, der sah mir von Kopf bis Fuß nicht nur meine Krankheit an, sondern auch meine psychischen Probleme. Ich bin in diesen Jahren – es war so zwischen 1997 und 2007 – weitestgehend unbemerkt von der Öffentlichkeit, aber offensichtlich für meine Familie und Freunde, in einen Abgrund gerutscht.

Damals war es das Wichtigste, den Schein zu wahren und den normalen Alltag auf den Musikbühnen aufrechtzuerhalten, denn die Bühne war schon immer meine Leidenschaft, mein Leben. Und da sollten auch körperliche und seelische Krankheiten nichts daran ändern. Natürlich habe ich mich auch verschiedenen Ärzten anvertraut, die mir, wie es die Schulmedizin so lehrt, schnell und einfach Kortison und weitere Tabletten verschrieben hatten, ungeachtet aller Nebenwirkungen. Die Ärzte pumpten mich regelrecht voll mit Medikamenten gegen meine Neurodermitis. Gleichzeitig versicherten sie mir, dass ich niemals gesund werden würde. Eine Folge dieser Nebenwirkungen: Haarausfall! Ich litt bei jedem Blick in den Spiegel. Als mir etwa die Hälfte meiner Haare ausgefallen war, ließ ich mir Extensions einflechten. Ein Schritt, der meiner Seele spürbar guttat. Diese Schwarzmalerei einiger Ärzte – ich würde niemals gesund werden – war es, die mir wohl am meisten zusetzte. Heute rate ich allen jungen Menschen, scheinbare Ausweglosigkeiten nicht einfach hinzunehmen. Wenn wir auch nichts ändern können mit unserer Willenskraft, so können wir doch unseren Blick auf die Welt ändern. Und ändern wir dadurch für uns nicht auch die Welt? Ich habe das so jedenfalls erfahren dürfen.

Ärzte haben mir versichert, ich würde in Zukunft nicht mehr gesund werden. Das nervte mich irgendwann so sehr, dass ich beschloss, mich selbst zu heilen – mit meinen Mitteln. Ich nahm den Aktenordner mit meinen Krankenberichten und entfernte das Rückenetikett mit dem Wort »Krankheit«, um es gegen ein neues Etikett auszutauschen, auf dem »Gesundheit« stand. Das klingt einfach? Ist es aber nicht. Es dauert seine Zeit, bis du aufhörst, gegen eine Krankheit zu kämpfen und anfängst, für deine Gesundheit einzutreten. Als ich das erreicht hatte, entstand vor meinen Augen wieder ein klares Ziel. Ich konnte mich in besseren Zeiten am Fortschritt meiner Genesung erfreuen. Ich hörte auf, mich über mein Schicksal zu ärgern, und nahm es selbst in die Hand.

Ich begriff meine Krankheit als Herausforderung, die mir auferlegt worden war, um sie zu bekämpfen. Es war keine Strafe mehr, sondern eine Aufgabe, die ich für mich lösen musste. Irgendwie kämpfte ich aber auch für viele andere kranke Menschen auf dieser Welt, die nicht die Kraft hatten, zu der ich zwischenzeitlich gekommen war. Das gab dem Ganzen einen Sinn und ein Ziel: Ich werde gesund und helfe dann mit meiner Erfahrung anderen, womöglich auch gesund zu werden. Mit diesem Buch will ich Betroffenen Mut zusprechen und mitteilen: Neurodermitis und Magersucht sind nichts Typisches für mich und alle anderen Betroffenen. Diese Krankheiten sind nicht für mich erschaffen worden und ich auch nicht für sie. Mit dieser Erkenntnis im Kopf konnte ich wieder leben, richtig leben, mich auf die Suche nach Glück und Erfolg machen. Ich wusste: Ich schaffe das, weil ich stark bin und einen eigenen Willen habe! Ich bin nicht Schneewittchen! Ich bin so viel mehr als nur meine äußere Schönheit!

Während der Behandlung in der Lichtklinik 2007.

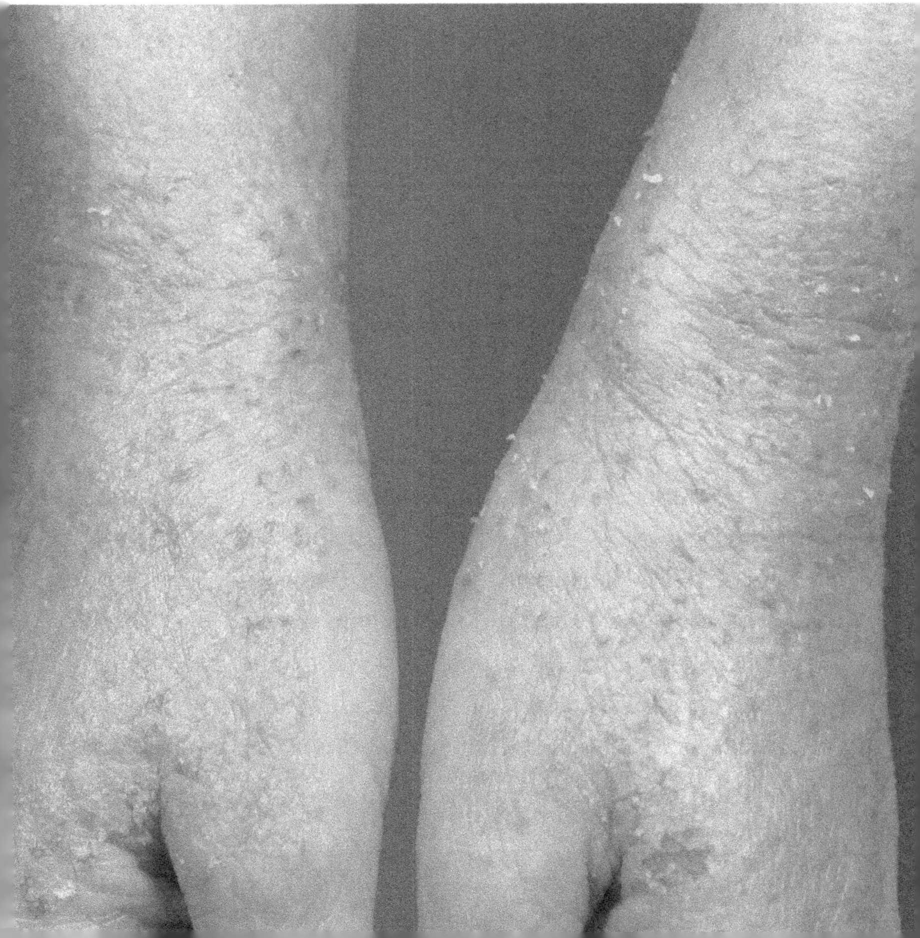

Die andere Seite meiner Kindheit

Das wollte ich vorab erzählen. Denn wenn ich mir jetzt noch einmal diese Zeit und die schweren Aufgaben anschaue, die vor mir lagen, dann spreche ich nicht über Krankheiten, sondern von meiner Gesundheit. Auch hier möchte ich konsequent bleiben und allen, die sich betroffen fühlen, Mut machen.

Die Neurodermitis (laut ärztlicher Diagnose *Neurodermitis atopica*) kam früh in mein Leben. Leider hat sich diese verflixte Krankheit auf schlimmste Art und Weise entwickelt – die damit verbundenen Schmerzen und die Anspannung raubten mir viel Lebensqualität. Ich kann das ruhig deutlich sagen: Ich war oft müde, fühlte mich ausgelaugt und nicht leistungsfähig. Ein Händedruck und Berührungen taten weh. Obwohl ich mich stets nach Nähe sehnte, zog ich mich immer wieder zurück. Das Leiden führt dazu, dass man nicht mehr richtig am Leben teilnimmt.

Kein schöner Anblick! Durch meine Neurodermitis hatte ich offene Hautstellen und Eiter am ganzen Körper, litt an Asthma und an Nahrungsmittelallergien. Dadurch musste ich stark aufpassen, was ich zu mir nahm. Es war mir unangenehm, wenn ich am Tisch vor anderen den Kellner nach bestimmten Zutaten und Nahrungsmitteln ausfragen musste. Es klang dabei immer kompliziert, obwohl es gar nicht kompliziert war. Wenn ich etwas auf dem Teller hatte, gegen das ich allergisch war, erlitt ich eine Schockreaktion. Bedeutet: Hautausschlag, geschwollene Augen und Anschwellen der Atemwege. Dadurch kam es zum Engegefühl im Hals, verbunden mit pfeifender Atmung bis hin zu Atemnot und Erstickungsgefahr. Bei einigen Lebensmitteln besteht diese Schockreaktion noch heute sehr stark, wie bei

Soja, Nüssen, Mandeln, Pistazien, Pinienkernen, weswegen ich leider auch kein Pesto essen kann. In solchen Fällen musste auch schon mal der Notarzt gerufen werden.

Alldem steht nun die Showbranche gegenüber, in der man funktionieren muss, egal, welche Probleme und Sorgen man privat mit sich herumschleppt. Das Leben als Musikerin ist – auch wenn du noch jung bist – immer auch ein Business. Dabei ist die Erwartung stets groß, sowohl von Veranstaltern als auch von Zuschauern. Man muss auf den Punkt funktionieren und performen! Das war mir stets klar und ist für mich immer eine Selbstverständlichkeit gewesen, denn die Musik ist mein Leben. Als schwere Bürde hatte ich meinen Beruf nie gesehen. Das liegt sicher auch an meinen Charakterzügen. Ich bin von Natur aus verlässlich, somit ist das Funktionieren als Sängerin Anita Hofmann für mich nie ein Muss. Das bin ich!

Der schnelle Erfolg der Geschwister Hofmann führte auch zu großer Verantwortung, unsere Marke aufrechtzuerhalten. Absagen für Konzerte, unbeantwortete Anfragen und halbe Sachen gab es bei uns nicht. Wir haben immer abgeliefert. Von dieser Künstlertugend profitieren meine Schwester Alexandra und ich auch heute noch.

Die Welt der volkstümlichen Musik ist nicht für die Schattenseiten des Lebens gemacht. Wir sorgen für positive Energie und dafür, dass die Zuschauer eine innere Heimat finden, damit sie dann schließlich mit einem guten Gefühl und neuer Energie nach Hause gehen.

Das alles gab auch mir Kraft, meine Neurodermitis durchzustehen, denn Tag und Nacht plagten mich Schmerzen. Sie verhinderten, dass ich mich an etwas wirklich freuen konnte. Die Leichtigkeit, in der Kinder und Jugendliche leben, gab es für mich nicht. Ein rundum gesundes Kind kann ganz im Augenblick leben – ohne an morgen zu denken. Ich aber lebte ganz im Schmerz, der oft unerträglich war, und ich hatte Angst, wie es mit mir weitergeht. Sollte es morgen noch schlimmer werden? Ich stand auf riesigen Bühnen. Doch eigentlich bewegte ich mich in allen Bereichen des Lebens in einem schmalen, engen und bedrückenden Korridor.

Zwei Jahre lang nahm ich hochdosiertes Kortison. Aber dadurch besserte sich meine Krankheit nicht und mein Körper war aufgeschwemmt. Die Alternativlosigkeit bedrückte mich und machte mich traurig. Damals klärten mich die Götter in Weiß nicht über alternative Behandlungsmethoden auf. Ich wollte da raus. Endlich gesund werden. Ich war zu allem bereit. Vieles wurde mir empfohlen. Ich probierte alles aus: Stutenmilchkur, basische Bäder, weiße Entgiftungscremes. Mit diesen sah ich aus wie ein Harlekin. Es war mir egal, denn wenn man so krank ist, ist einem vieles egal, auch eine mögliche Eitelkeit. Ich ging so auch zum Einkaufen.

Schließlich wurde mir eine Ernährungsumstellung empfohlen. Dabei durfte ich keine tierischen Produkte, keine Milchprodukte, kein Brot, kein Obst und kein Gemüse mehr essen. Doch was bleibt dann noch übrig? Reisschleim und Haferschleim, angerührt mit Wasser. Toll! Jeden fünften Tag kam ein Lebensmittel in gekochter Form hinzu. Sinn des Ganzen: Man wollte herausfinden, was mein Körper verträgt und wie er auf jedes einzelne Lebensmittel reagiert. Gleichzeitig sollte damit eine Reinigung des Körpers stattfinden. Es reinigte in der Tat. Es machte mich aber auch nicht gesund.

Acht lange Jahre suchte ich nach einer geeigneten Therapie, bis mir schließlich die Optomed-Lichtklinik in Düsseldorf empfohlen wurde. Hier wurde eine Bestrahlung der Haut mit Laser vollzogen und nicht mit Licht. Mit diesem Laser wurde meine Haut mehrere Monate lang behandelt. Diese Laseranwendung führte dazu, dass die Krankheit regelrecht aus meinem Körper herausgezogen wurde. Allerdings verschlimmerten sich die Symptome zunächst, ehe sie dann zurückgingen.

Was soll ich sagen? Heute habe ich glatte Haut und bin gesund. Meine Haare sind nachgewachsen. Rückblickend kann ich mit fester Überzeugung sagen: Meine Gesundheit wäre komplett ruiniert worden, wenn ich nicht einen Weg aus der Medikamentenspirale gesucht und schließlich auch gefunden hätte. Das Verflixte bei Neurodermitis ist, dass jedem etwas anderes hilft. So ist man regelrecht gezwungen, selbst herauszufinden, was hilfreich ist. Gleichzeitig muss man lernen, auf seinen Körper zu hören. Wer mich damals begleitete und sich für mein Leben interessierte, dem werden diese schweren Phasen meiner Heilung nicht unbekannt sein. Ich wurde aber nie bemitleidet. Niemand hat mit dem Finger auf mich gezeigt, alle haben mich immer als das gesehen, was ich bin: ein ganz normaler Mensch. Ich möchte mich an dieser Stelle deshalb bei allen bedanken, auch bei meinen Fans, die mich immer unterstützt haben und an meiner Seite waren. Sie haben mich stets so gemocht, wie ich bin. Ich danke euch!

Meine ungewöhnliche Kindheit und Jugend

Für meinen frühen Erfolg habe ich einen hohen Preis bezahlen müssen. Ich nahm nicht am Alltag anderer Kinder teil. Während ich als Musikerin und Entertainerin immer professioneller wurde, entwickelte ich mich als Mädchen kaum weiter. Ich war nie eine normale Schülerin oder überhaupt eine Auszubildende. Ich war immer nur Musikerin. Andere würden liebend gerne mit mir tauschen, das weiß ich. Aber es ist hier wohl so wie überall im Leben, die Sehnsucht führt uns immer dorthin, wo man noch nie war. Wenn du ein normales Leben führst, suchst du den Kick und das Außergewöhnliche. Wenn du auf den Musikbühnen lebst und die meiste Zeit des Jahres unterwegs bist, sehnst du dich nach Normalität: nach einem Schulranzen, den du fünf Tage die Woche mit dir rumträgst, vielleicht auch mal nach Schule schwänzen und nach einer Clique im Sportverein.

Diese Dinge, die andere Kinder für gewöhnlich tun, waren für mich ganz weit weg. Wenn ich meine Kindheit genauer betrachte, dann war ich nur selten in der Schule. Aber wenn ich anwesend war, dann nahm ich mit aller Kraft am Unterricht teil. Weil Schule etwas Besonderes war, konzentrierte ich mich stark auf den Stoff und brachte ihm sehr große Wertschätzung entgegen. Ich nahm alles schnell auf und lernte hauptsächlich unterwegs im Auto. Vielleicht kam mir hier mein Sternzeichen zugute, denn einem Widder sagt man nach, er habe Durchhaltevermögen.

Später hörte ich von den anderen Jugendlichen spannende Geschichten, die mir vollkommen fremd waren. Man erzählte sich vom ersten Discobesuch am Samstagabend, man rauchte seine erste Zigarette, war das erste Mal betrunken und knutsche mit dem falschen Jungen. Ich war zeitgleich in der Welt des Entertainments und Fernsehens zu Hause. Aber die Erlebnisse der Jugendlichen schienen mir tausendmal spannender als mein eigener außergewöhnlicher Alltag. Bei mir gab es nur die Musik. Sonst nichts. Spaß hat es mir immer gemacht. Musik war und ist mein Leben. Ich hatte 200 Auftritte im Jahr neben der Schule und lebte dadurch irgendwie in einer anderen Welt. Rückblickend habe ich nicht alles verpasst, sondern erlebte die meisten Dinge zeitversetzt. Das spüre ich heute noch, denn erst mit Mitte 40 fühle ich mich endlich erwachsen.

Für viele Fans sind Schlagersänger und -sängerinnen echte Stars – das heißt ganz weit weg von ihnen. Aber eigentlich trennt uns nur diese starke Konzentration auf die Begabung, Musik, Gesang und Tanz, also Entertainment. Schlagerstars sind auch nicht mehr oder weniger berufen, das große Wort zu schwingen, etwas über die Welt oder Politik zu sagen. Manche Promis landen irgendwann in Expertenrunden und meinen, eine lautere Stimme verdient zu haben, nur weil sie berühmt sind.

Ich habe sehr viel Bühnenerfahrung. Ich weiß, wie man Menschen durch Musik begeistert. Außerdem habe ich so viele verschiedene Städte und Menschen gesehen und kennengelernt, dass ich meine, sie gut einschätzen zu können.

Ich sah also viel von der Welt, aber ich hatte die Dinge nicht, die der normale Alltag mit sich bringt. Was ist jetzt mehr erstrebenswert? Warum ist es mir so wichtig, normal zu sein? Vielleicht, weil als Sängerin sehr wenig von der eigenen und wirklichen Persönlichkeit sichtbar ist. Ich habe mich oft unsichtbar gefühlt, obwohl mich Tausende von Menschen anschauten. Sahen sie mich oder sahen sie den Star Anita, den sie vom Fernseher kannten? Wie sollten sie mich persönlich auch kennen.

Schon meine Kindheit und Jugend waren geprägt von der perfekten Show. Ich konnte nicht einmal einen eigenen Kleidungsstil entwickeln, weil mir morgens das auf das Bett gelegt wurde, was ich anziehen sollte. Andererseits haben wir über 3.000 Kleidungsstücke in unserem Fundus. Über keine Bluse oder Hose würde ich sagen: Das ist meine! Denn ich habe keine davon selbst ausgesucht. Natürlich wusste ich, was mir gefällt und was nicht. Aber mein persönlicher Kleidungsstil konnte und durfte sich nicht entwickeln.

In meiner Gefühlswelt sieht es ähnlich aus wie in der Akte zu meinem Gesundheitszustand. Ich war, sollte und musste schön sein und gleichzeitig gegen Krankheiten kämpfen, die mich verunstalteten, hässlich und schwach machten. Wenn ich an meine Kindheit und Jugend denke, dann sehe ich Schneewittchen, das glücklich ist. Aber ich sehe auch ein Mädchen, das einfach »ich« sein will.

Ich liebe meine Familie und hadere nicht mit meiner Karriere und Kindheit, die mit der von Alexandra deckungsgleich vonstattenging. Die Geschwister Hofmann waren schnell überall bekannt und berühmt. Doch ganz oft habe ich mich einfach nur einsam gefühlt mit meinen Ängsten und meinem Wunsch, anders wahrgenommen zu werden. »Sei einfach nur schön« – das hat mir nie gereicht. Ich wusste, ich bin mehr als das!

Mir ist eine Szene aus früher Kindheit in Erinnerung geblieben: Ich stehe in einem roten Laufstall. Der Rollladen ist fast geschlossen, es fällt etwas Licht durch die Schlitze. Ich wache auf und blinzle in das Licht. Ich bin geblendet und trotzdem ist es dunkel. Ich fange leise an zu weinen. Doch keiner hört mich. Die Einsamkeit macht mir zu schaffen. Erst als ich mich lautstark bemerkbar mache, kommen meine Eltern in mein Zimmer und holen mich. Trotzdem hat es etwas gedauert, bis sie bei mir waren.

Diesem Gefühl bin ich im Laufe meines Lebens immer wieder begegnet. Es hat sich in mir eingebrannt und ich teile es womöglich mit allen Künstlern, die auf der Bühne aufgewachsen sind oder im Tourbus groß wurden. Es ist immer jemand da für mich, aber irgendwie bin ich trotzdem ganz allein. Wenn du in der Öffentlichkeit stehst, projizieren Fans sehr viel in dich hinein, obwohl du vielleicht nur gut singen und tanzen kannst. Gleichzeitig entwickelst du eine Angst, dass du auf Ablehnung stoßen könntest, wenn du ihren Vorstellungen nicht entsprichst.

Es fällt mir nicht leicht, das zu schreiben. Aber ich hatte immer den einen Gedanken: Bin ich okay? Bin ich gut genug? Und das, obwohl ich von Kindheitstagen an erfolgreich auf den großen Bühnen stand. Aber mögen mich die Menschen auch so, wie ich wirklich bin? Diese Frage nagte lange Zeit an mir. Heute kann ich eine klare Antwort geben. Es ist mir egal. Ich bin, wie ich bin.

Ich in meinem Laufstall 1978.

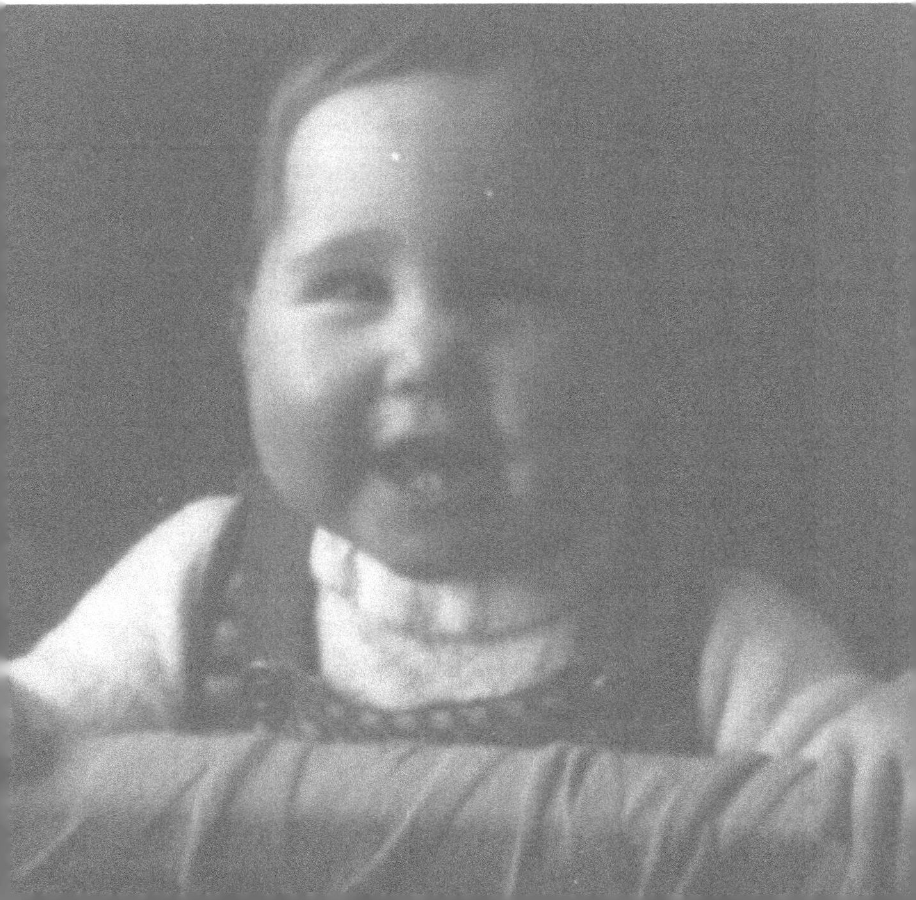

Meine Eltern und ich

Das schönste und wertvollste Geschenk, das es auf der Erde gibt, das ist Zeit. Zeit kann man nicht kaufen und deshalb ist sie auch so kostbar. Zeit mit den Liebsten zu verbringen ist das höchste Gut, das es gibt für mich. Diese Lebenseinstellung hat seit dem 3. Dezember 2023, dem ersten Advent, eine vollkommen neue Bedeutung angenommen, denn an diesem Tag ist mein geliebter Vati gestorben. Mir ist seitdem mehr als bewusst, dass man immer Aufgeschobenes nun überhaupt nicht mehr nachholen kann: Zeit mit unseren Eltern. Unsere Zeit ist begrenzt! Das sollte uns immer klar sein. Und je älter ich werde, desto mehr weiß ich zu schätzen, was meine Eltern in ihrer begrenzten Zeit alles für uns getan haben.

Ich habe die allerbesten Eltern der Welt. Sie haben meine Schwester und mich immer unterstützt. Ohne sie wäre unsere musikalische Karriere überhaupt nicht möglich gewesen. Mein Vati hat mit uns Kindern immer richtigen Blödsinn gemacht. Es gibt eine Videoaufnahme, die damals mit unserer großen gusseisernen Kamera aufgezeichnet wurde. Zu sehen sind darauf mein Vati und ich. Wir sitzen beide im Sandkasten – damals muss ich etwa zwei Jahre alt gewesen sein. Mein Vati baut lustige Figuren aus Sand und ich zerstöre alles mit meinen kleinen Händen. Es macht mir offensichtlich großen Spaß. Wenn ich mir diese Aufnahme heute ansehe, dann wird mir bewusst, was für eine schöne, unbeschwerte Zeit das war.

In meiner Kindheit hatte ich den Vorteil, dass mir Sand und Sonne noch gut gegen meine Neurodermitis halfen. Deshalb fuhren wir in den Urlaub ins italienische Rimini – ich tauschte gewissermaßen meinen kleinen Sandkasten gegen einen unendlich langen Sandstrand aus. Auch dort in Italien spielte mein Vati stundenlang mit Alexandra und mir.

Mein Vati war bekannt für lustige Aktionen. Er führte sogar das von uns sogenannte »Spaghetti-Suggel-Essen« ein. Hierbei mussten die Spaghetti so lang wie möglich sein. Wir durften beim Verzehr allerdings kein Besteck verwenden. Waren wir besonders gut darin, benutzten wir in der nächsten Runde auch keine Hände, sondern nur den Mund. Die Spaghetti lagen immer in einer großen Schale. Mein Vater kippte zudem immer noch ordentlich viel Soße darüber, legte auf dem Boden ein Geschirrtuch aus und stellte darauf diese schmackhafte Schale. Danach ging es los. Es war ein Heidenspaß! Und eine riesige Schweinerei. Überhaupt war mein Vati immer sehr spontan. Gerne biss er auch mal in ein Stück Butter und hinterließ dort seinen detailgetreuen Gebissabdruck.

Meine Eltern legten immer großen Wert darauf, dass wir uns so viel wie möglich bewegten. Jeden Sonntag waren wir stundenlang in der freien Natur spazieren, oft unterwegs im sogenannten »Saifeld«, das sich in der Nähe unseres Heimatortes Jungnau befindet. Begeistert waren wir Kinder allerdings nicht, denn wir waren ziemlich bewegungsfaul. Wurden wir hingegen auf unseren Rollschuhen geschoben oder im Winter auf unseren Schlitten gezogen, hatten wir viel mehr Spaß an der Sache.

In einem Winter, als uns unsere Eltern mal wieder auf unseren Schlitten um das Saifeld zogen, trug meine Mutter überraschenderweise einen dunkelgrünen Filzhut. Sie wollte sich für uns schick machen. Ich habe sie so »behütet« noch nie gesehen. Mit Verlaub, eine Schönheit war dieser Hut bei Weitem nicht. Das war zumindest unsere Meinung. Aber meine Mutter mochte ihn und trug ihn fortan immer sonntags. Irgendwann schnappte sich mein Vati diesen Hut und warf ihn wie ein Frisbee ins Feld. Meine Mutter rannte so gut sie konnte hinterher – im hohen Schnee. Wir Kinder hielten uns den Bauch vor

Lachen. Das wiederum animierte meinen Vater dazu, weiterzumachen und den Hut immer noch weiter zu werfen.

Die Kehrseite meiner unbeschwerten Kindheit: die viele Zeit, die für den Beruf draufging. Mein Vater war Architekt und Maurermeister, dadurch auch viel im Ausland tätig. So auch einige Jahre als Bauleiter (Polier) in Saudi-Arabien. Meist dauerte es sechs oder sieben Monate, bis er für etwa 14 Tage nach Hause fliegen konnte und durfte. Einmal fehlte er sogar über Weihnachten. Damals, ich war drei Jahre alt, schickte er uns seine Geschenke nach Deutschland und bat darum, dass wir es uns trotzdem schönmachen sollten. Weihnachten ohne unseren Vati – nicht vorstellbar.

Die besten Eltern der Welt – Sepp und Liesl Hofmann.

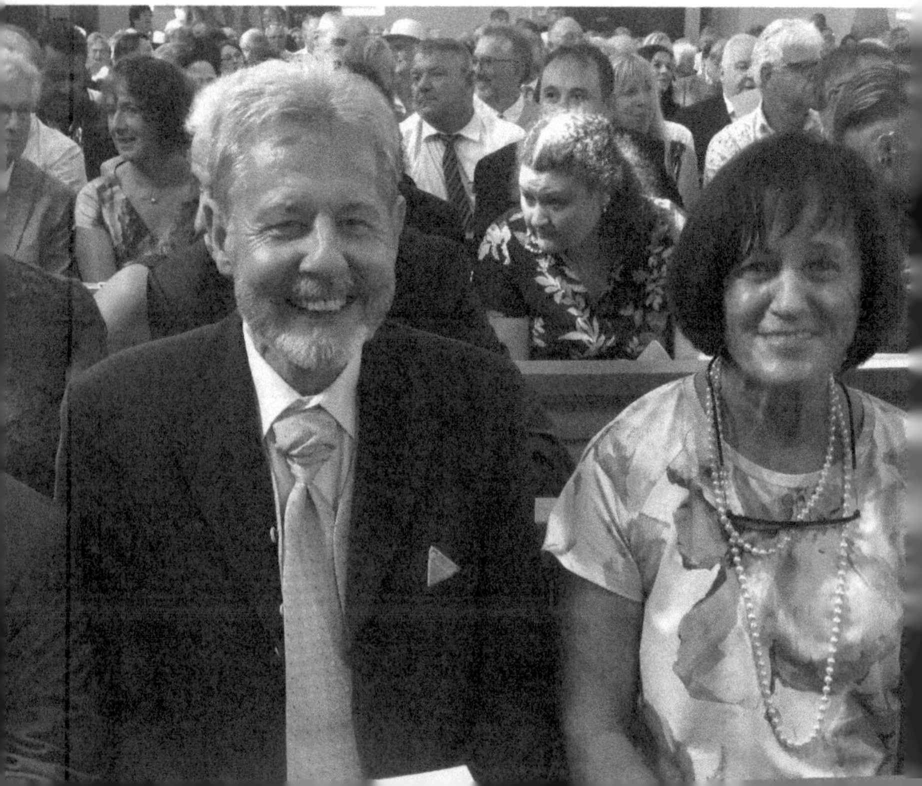

Wir vermissten ihn so sehr, dass sämtliche Geschenke unter dem Baum lagen und von niemandem angerührten wurden, bis er wieder zu Hause war. Da es dauerte, bis es so weit war, bestanden wir Kinder darauf, den Weihnachtsbaum auch so lange stehenzulassen. Und als Vati dann Ende Februar endlich wieder daheim war, wurde Heiligabend kurzerhand nachgeholt – mit dem obligatorischen Geschenkeauspacken, dann eben unter einem vertrockneten Baum. War uns egal, Hauptsache mit Vati.

Einige Jahre später waren meine Schwester und ich dann viel unterwegs, als unsere Karriere begann. In kürzester Zeit kamen über 200 Auftritte im Jahr zusammen. Und nach unserem Schulabschluss zählten wir jährlich über 300 Auftritte – das locker 15 Jahre lang. Lange Zeit fuhr uns Vati überall hin. Vor Ort war er dann auch unser Tontechniker. Das alles stemmte er damals neben seinem Fulltime-Job als Bauhofleiter der Stadt Meßkirch.

Es entstand ein eingespielter Familienbetrieb. Meine Mutter schneiderte unsere Kostüme und war im Hintergrund der hilfsbereite Engel für alles. Sie kümmerte sich um unsere Buchhaltung und betreute uns auch vor Ort bei den Auftritten. Und ganz nebenbei bauten meine Eltern Häuser, um sie dann wieder zu verkaufen: der finanzielle Grundstock für die Anfänge des Gesangsduos. Dadurch konnten wir uns eine eigene große Tonanlage leisten. Das war damals auch sehr wichtig, um im Musik-Business Fuß fassen zu können. Nicht genug: Unsere Eltern finanzierten unseren Musikunterricht und unsere Instrumente. Sie taten alles für uns und legten uns damit auch die Welt zu Füßen. Es wurde sehr viel Lebenszeit investiert, um uns diesen beruflichen Traum zu ermöglichen. Leider blieb dann irgendwann für alles andere zu wenig Zeit.

Weihnachten ohne Vati – Mama, Alexandra und ich 1980.

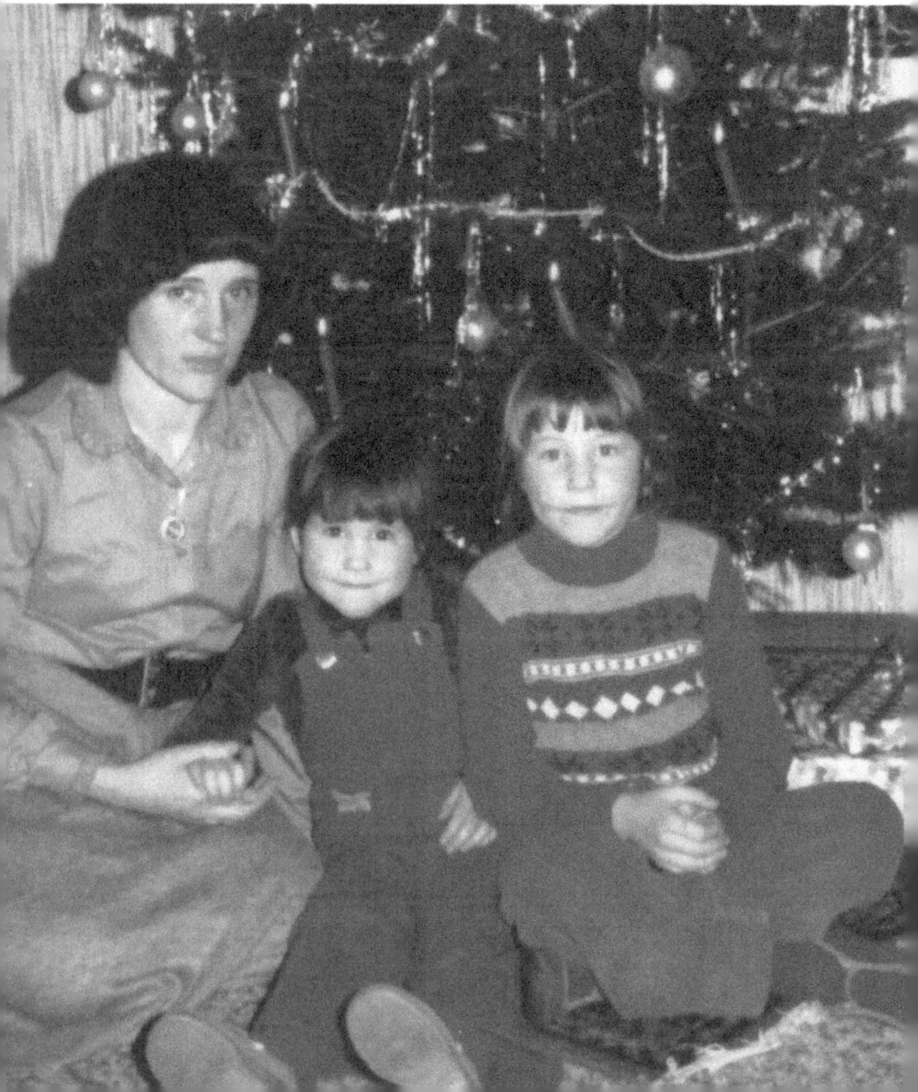

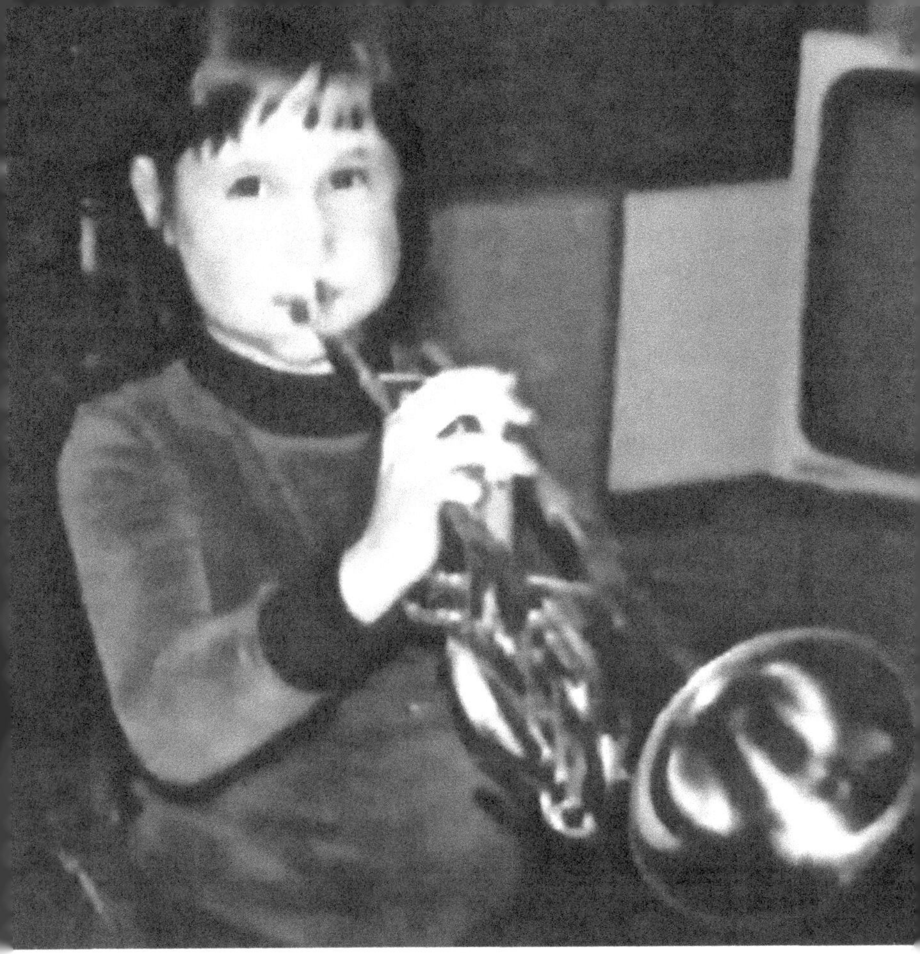

Meine ersten Versuche auf der Trompete.

Mein Vater war handwerklich sehr begabt und in seinem Wesen sehr ruhig. Meine Mutter hingegen hat sehr viel Temperament. Was beide vereint: ein großes Herz. Vom Wesen her bin ich meinem Vati ähnlich. Handwerklich bin ich zum großen Teil genauso präzise wie er – nur eben auf meine Art und Weise. Wird beispielsweise ein Schrank aufgebaut, dann bin ich – wie man es nett auf Schwäbisch sagt – ein Murkser. Hier wiederum gleiche ich meiner Mutter, die das offensichtlich von ihrem Opa geerbt hat. Der pflegte zu Lebzeiten immer zu sagen: »Ach, das tut's schon!« Das alles verdanken wir wohl unserer schwäbischen Linie. Ach ja, Mamas Temperament schlummert irgendwie auch in mir, was für den Einsatz auf Bühne sehr brauchbar ist.

Es ist schön, dass meine Eltern in den letzten Jahren besser nachvollziehen konnten, warum ich zurückblickend manche Wege gegangen bin und private Entscheidungen so treffen musste, wie ich sie traf. Meine Mutter versteht jetzt besser, was mir einfach in manchen Momenten gefehlt hat. Sie versteht jetzt auch, dass man einem Kind keinen Gefallen tut, wenn man ihm alles abnimmt. Kinder müssen ihre eigenen Erfahrungen machen. Für mich ist es inzwischen sehr wichtig geworden, vieles selbst zu machen. Dazu gehört auch die Buchhaltung, denn ich kann nicht mehr darauf zählen, dass sich jemand anderes um meine Finanzen kümmert, wie es zu Duo-Zeiten war. Es ist dabei schön zu wissen, dass meine Mutter mir diese neue Selbstständigkeit nicht übelnimmt. Sie bestätigt mich und fühlt sich überhaupt nicht auf die Seite gedrängt. Wenn ich Hilfe brauche, steht sie mir immer mit Rat und Tat zur Seite.

Mit meinen Eltern verbinde ich wunderschöne Erinnerungen und tolle Erlebnisse. Weil wir aber so wenig private Zeit miteinander verbringen konnten, dauerte es bis ins Erwachsenenalter hinein, um mit ihnen einfach nur eine Fahrradtour machen zu können – nur meine Eltern und ich. Etwas, was für die allermeisten Eltern-Kind-Beziehungen wirklich nichts Besonderes ist, war für mich ein Highlight. Das kann sich wahrscheinlich nicht jeder vorstellen. Diese wenigen Momente waren und sind kostbar für mich – wie nichts anderes auf der Welt. Einfach mal Zeit mit meinen Eltern. Ganz alleine. Sonst waren immer viele Menschen um uns herum.

Leider kann man die Zeit nicht zurückdrehen oder anhalten. Gelegenheiten, alleine mit meinem Vater Zeit zu verbringen, gibt es nicht mehr! Das muss ich akzeptieren lernen. Meine Mutter und ich wollen deshalb künftig bewusster unsere gemeinsamen Momente genießen – das »Jetzt und Hier« zusammen erleben. Diese Zeit, die wir miteinander haben, ist wichtiger als alles andere. Ich weiß nicht, ob das jeder verstehen kann. Für mich ist das wichtig, da ich das in jungen Jahren nicht erleben und erfahren konnte und durfte.

Ich werde meinen Eltern immer dankbar für all das sein, was sie für mich getan haben. Auch wenn ich großen Wert auf meine Eigenständigkeit lege, weiß ich, dass sie immer nur das Beste für mich wollten und so auch entschieden haben. Ohne ihren unermüdlichen Einsatz wäre ich nicht dort, wo ich heute bin.

Wie alles begann

Die Geschwister Hofmann machen Karriere

Die Karriere *von Alexandra und mir ist durch einen reinen Zufall entstanden. Ich war zu dieser Zeit noch ein verträumtes Kind, das keine Gedanken an die Zukunft und an den beruflichen Erfolg verschwendete. Mir ging es einfach nur darum, das zu tun, was mir Spaß machte – das Wort Karriere existierte nicht für mich. Die Bühne war wie geschaffen für meine Traumwelt.*

Geboren wurde ich am 13. April 1977 in Sigmaringen in Baden-Württemberg. Aufgewachsen bin ich in Jungnau, einem Sigmaringer Ortsteil. Meine Großeltern hatten im Ort einen kleinen Bauernhof, der sich genau auf dem Weg zwischen Kindergarten und Grundschule befand. Das war sehr praktisch, da ich sowohl nach dem Kindergarten als auch nach der Schule sehr schnell bei ihnen zum Essen sein konnte. Ich war in jeder freien Sekunde dort.

Moment! Die Wohnlage hatte auch einen Nachteil. Vom Haus meiner Großeltern hatte man den Schulhof gut im Blick, weshalb meine Oma immer schnell Bescheid wusste, wenn ich mal wieder etwas angestellt hatte.

Einmal trat aber eine Situation ein, in der ich mir einen sorgenden Blick meiner Oma gewünscht hätte. Sportunterricht hatten wir außerhalb von Jungnau. Die Turnhalle stand frei und war umringt von Feldern, etwas abseits vom bewohnten Gebiet. Es gab Tage, an denen sich hier niemand her verirrte, um Sport zu machen. Ich war an einem dieser Schulsporttage mal wieder an der Reihe, die Geräte aufzuräumen, weshalb ich anschließend natürlich die Letzte in der Sammelumkleide war, die sich im ersten Stock befand. Alle meine Klassenkameradinnen hatten sich bereits umgezogen und waren schon auf dem Weg nach draußen, als mir plötzlich auffiel, dass ich auch ansonsten niemanden mehr im Gebäude hörte – keine Schritte, keine Türen, die geöffnet oder geschlossen wurden. Ich packte meine Tasche und eilte zum Ausgang der Turnhalle. Dort zog ich an der Tür, aber sie war verschlossen.

Irritiert starrte ich auf den Türgriff, um danach lautstark zu rufen: »Hallo, ist da jemand?« Es herrschte eine Totenstille. Niemand war mehr da und ich war in der Turnhalle eingeschlossen. Wie konnte es sein, dass unsere Lehrerin mich vergessen hatte? Sicher war ich mir nicht, aber ich hatte die Befürchtung, dass wir die Einzigen waren, die in dieser Woche hier Sport hatten. Mir wurde plötzlich richtig heiß und ich spürte Panik in mir aufkommen.

Die meisten Fenster ließen sich aus Sicherheitsgründen nicht öffnen. Aber ich wusste, dass es ein Fenster gab, das man nicht nur kippen, sondern richtig öffnen konnte. Das hatte eine Freundin von mir mal herausgefunden, auch wenn ich nicht mehr weiß, wieso. Es handelte sich um ein sehr schmales Querfenster ganz oben über der Garderobe in der Umkleide der Mädchen. Alle Anstrengung schlug jedoch fehl und es gelang mir nicht, dort hochzuklettern, weil ich einfach viel zu klein war.

Heute weiß ich, dass ich mich ernsthaft hätte verletzen können, aber damals dachte ich nicht so weit und suchte mir gewisse Hilfsmittel zusammen. Ich trug einen Kasten aus dem Sportgeräteraum hinauf in den ersten Stock und positionierte ihn unter dem Fenster. Darauf stellte ich einen Hocker, der mir draußen auf dem Gang aufgefallen war. Auf den Hocker stelle ich noch einen umgedrehten Putzeimer.

Es war also eine sehr wackelige Konstruktion und meine Oma hätte bestimmt beide Hände über dem Kopf zusammengeschlagen, wenn sie das gesehen hätte.

Für mich war es der Turm in die Freiheit. Ich wollte raus hier. Tatsächlich schaffte ich es, mich auf das Fenstersims zu ziehen und konnte schnell erkennen, dass es wirklich sehr tief war. Mein Herz klopfte. Sollte ich hier verhungern und verdursten oder sollte ich springen? Hektisch atmete ich ein und aus. Etwa zehn Minuten später war ich ruhiger geworden und nahm meinen ganzen Mut zusammen. Langsam und Stück für Stück robbte ich mich Richtung Fensterkante und warf zuerst meine Tasche nach unten. Mit einem dumpfen Aufprall landete sie im Gras. Schließlich machte ich die Augen zu, ließ mich selbst aus dem Fenster fallen. Es war etwas unangenehm, als ich unten aufkam. Aber es ging alles gut und ich brach mir nichts. Auch sonst tat mir nichts weh.

Dieses Erlebnis in der verschlossenen Sporthalle und mein Sprung in die Freiheit hat mich nicht nur in der Jugend, sondern auch im Erwachsenenalter geprägt. Es erinnerte mich daran, dass das Leben manchmal mit unvorhersehbaren Aufgaben um die Ecke kommt. Es sind nicht nur die großen Entscheidungen, die den Verlauf unseres Lebens formen, sondern auch die kleinen, scheinbar unbedeutenden Momente, die plötzlich eine Wendung nehmen können. In den Jahren, die folgten, musste ich oft an diesen Tag denken, wenn sich neue Schwierigkeiten und Unsicherheiten auftaten. Die Erinnerung an meinen wackeligen Turm aus Kasten und Hocker diente mir als Quelle der Inspiration. Sie erinnerte mich daran, dass es in den ungewissen Momenten darauf ankommt, Ruhe zu bewahren, kreativ zu sein, Lösungen zu suchen und mutig zu handeln. Ich finde, dass die

Geschichte von meinem Ausbruch aus der Turnhalle eine Mahnung ist: Das Leben verläuft nicht immer nach Plan! Aber in den unerwarteten Momenten gibt es Chancen für persönliches Wachstum. Es ermutigt dazu, sich den Ängsten zu stellen und Risiken einzugehen, selbst wenn sich eine Entscheidung als Sackgasse entpuppt. Und wenn der Weg doch richtig war und alles gutgeht, sind wir stolz, die Sache allein gemeistert zu haben. Ich habe gelernt, nicht alle Schwierigkeiten zu vermeiden. Ich bin bereit, mich ihnen zu stellen und aus ihnen zu lernen. Dieser Sprung aus dem Fenster war wichtig für mich. Aber ich wäre dumm, wenn ich jedes Mal aufs Neue aus dem Fenster klettern würde. Das nächste Mal muss ich dafür sorgen, dass ich nicht eingeschlossen werde. Und heutzutage hat man ja auch meist ein Handy griffbereit, das Hilfe auf andere Weise ermöglicht.

Die eigene Leidenschaft wird entdeckt

Ich schaue in das Jahr 1982. Ich bin fünf Jahre alt und allein in meinem Zimmer, spiele dort mit meinen drei Barbie-Puppen. Die Hawaii-Barbie, die ich auf den Namen Claudia getauft hatte, weil meine damalige beste Freundin so hieß, habe ich erst gestern zum Geburtstag geschenkt bekommen. In Gedanken steigen wir ins Flugzeug und liegen schon kurze Zeit später am Strand in der Sonne. Dort essen wir Eis. Alle meine Gedanken zu unserem Urlaub packe ich in ein Lied, das ich Claudia und den anderen Barbies vortrage. Das war so meine Spielart: Alles, was ich gedacht habe, sang ich vor mich hin.

Das Singen hat mich als Kind oft begleitet. Auch beim Baden in der Badewanne. Das Badezimmer hallte so schön. So stellte ich mir vor, ich wäre eine Opernsängerin. Die Haarbürste war mein Mikrofon. Ich sang in meiner eigenen erfundenen Fremdsprache, die nur ich verstand. Ja, ich muss bei diesen Erinnerungen schmunzeln, war doch meine Fantasie grenzenlos. Was ich bei alldem lange Zeit nicht wusste: Meine Mutter wurde Ohrenzeugin. Sie lauschte heimlich von außen an der Badezimmertür, wie sie mir später verriet.

Schon früh war Musik zu meiner ersten großen Leidenschaft geworden. Natürlich blieb diese Leidenschaft nicht nur auf das heimliche Singen in der Badewanne und in meinem Zimmer vor meinen Barbie-Puppen begrenzt. Diese Leidenschaft wurde größer und mit meinem zunehmenden Alter auch reifer. Ich begann, mich für Instrumentalmusik zu interessieren. Meine ältere Schwester hatte zu diesem Zeitpunkt schon Klavierunterricht. Ich war damals einfach noch zu klein, um ein Instrument zu lernen. So hörte ich immer zu, wenn Alexandra übte.

Das Klavier schaute ich mir immer wieder aus der Nähe an. Und das nicht nur, wenn meine Schwester nicht da war. Es stand regelrecht majestätisch im Wohnzimmer. Ich verstand damals noch nicht, wieso es schwarze und weiße Tasten gibt und woher man weiß, wann man welche drücken muss.

Dieses Instrument war ein Rätsel und übte deshalb einen ganz besonderen Reiz aus. Allerdings gab es ein Problem: Das Klavier war für mich tabu. Es gehörte meiner Schwester und war ihr Heiligtum. Immer wieder erwischte sie mich dabei, wie ich die Tasten drückte. Sie ließ mich deutlich wissen, was sie von meinen Versuchen hielt, ihr Heiligtum zu berühren. Noch heute weiß ich nicht genau, warum ich nicht in die Nähe des Klaviers durfte. Klavierspielen war für mich bald kein Thema mehr. Es ist doch so, dass man gerade unter Schwestern einen eigenen Raum und eine eigene Identität sucht. Für Alexandra war es das Klavierspiel. Aber was sollte es für mich sein? Ich wollte auch etwas haben, was nur mir gehörte. Etwas, worin ich besser bin als die anderen, vor allem auch als die Schwester. Lange Zeit war ich immer die Kleine, das Nesthäkchen der Familie, das noch keine eigenen Fußspuren setzen konnte.

Eines Tages lag zu Hause eine geliehene Trompete. Meine Schwester brachte sie mit aus dem Musikverein, dem sie angehörte. Als sie sich daran versuchte, klang das eher, wie wenn man in eine Gießkanne bläst. Auch ich versuchte es und nahm das Instrument in meine kleinen Hände. Siehe da, ich entlockte dieser Trompete nicht nur einen Ton, sondern eine ganze Tonfolge. Und das erstaunliche: Es klang richtig gut, überhaupt nicht schräg. Dazu war es laut. Und laut fand ich gut. Für mich war zu diesem Zeitpunkt klar: Das ist mein Instrument. Es war damals quasi Liebe auf den ersten Blick. Schon als Kind freute ich mich darüber, wie laut mein Instrument war. Einfach so aus sich selbst heraus. Ich muss zugeben, dass ich öfters mal absichtlich den Dämpfer vergaß, um sie alle mit voller Lautstärke zuzudröhnen, auch wenn ich damit niemanden verjagen wollte.

Sehnsucht und der Preis des Ruhms

Mein Instrument hatte neben der ohrenbetäubenden Lautstärke eine weitere Seite, die mir gefiel. Ich war besser darin als andere. Sicher ein Hauptgrund, der meine Liebe zur Trompete erklärt. Außerdem konnte und wollte ich damit unbedingt Teil eines Orchesters, einer Musikkapelle sein und die Chance nutzen, mit anderen zusammen zu sein und gemeinsam mit ihnen zu musizieren. Ich sehnte mich regelrecht danach und nach Freundschaften, die sich aus dieser Gemeinsamkeit automatisch entwickeln.

Damals war ich noch nicht gut genug, um in der örtlichen Jugendkapelle mitzuspielen. Heute ist man wahrscheinlich großzügiger mit jungen Musikern. Es wird ja überall händeringend nach Nachwuchs gesucht, nach Kindern und Jugendlichen, die sich in einem Musikverein engagieren wollen. In meiner Kindheit zählte noch allein die musikalische Leistung. Aber auch als Gast verfolgte ich alles, was der örtliche Musikverein an Konzerten zu bieten hatte. Ich beneidete still und heimlich all diejenigen, die auf der Bühne saßen. Da ging es mir nicht vorrangig um die Stücke, die sie spielten oder um die Anerkennung der Familie und der Freunde. Ich wollte unbedingt Teil dieser Gemeinschaft sein und dazugehören, im Team auf der Bühne spielen.

Als ich später mit meiner Schwester auf der Bühne stand und sang, waren alle Augen immer auch auf mich gerichtet. Ich genoss es, im Mittelpunkt zu stehen und trotz Duo auf der Bühne auch solistische Einlagen aufzuführen. Andererseits fiel es im Duo sofort auf, wenn wir einen Fehler machten. Das ist auch das Problem einer Solokünstlerin: Man kann sich nicht hinter anderen Musikern verstecken.

Das wäre für mich als Teamplayer sehr schön gewesen. Aber das Wichtigste ist für mich, Teil einer Gemeinschaft zu sein. Es kam allerdings anders, als ich es mir damals ersehnt hatte.

Während sich viele Jugendliche wöchentlich zur Musikprobe trafen, Blödsinn anstellten und vielleicht nie einen Wettbewerb gewannen, wurden meine Schwester und ich immer bekannter. Freizeit gab es bald nicht mehr. Bei uns wurde das Hobby zum Beruf. Mit dem Trompetenunterricht kam ich gut voran. Das hat mir große Freude bereitet. Auch die Bühnenauftritte wurden meine Leidenschaft. Ich liebte es damals, ich liebe es heute. Als ich dann bereit dazu gewesen wäre, im Musikverein zu spielen, war keine Zeit mehr dafür. Mit steigendem Bekanntheitsgrad hatte ich plötzlich auch unter der Woche viele Termine und hätte dadurch auch nicht an den Proben der örtlichen Jugendkapelle teilnehmen können. Auch im Sportverein hätte ich kein aktives Mitglied werden können. Es gab einfach keine Zeit mehr für irgendwelche Hobbys. Ich komme immer wieder zurück zu dem Gedanken, dass das Leben manchmal ganz schön bitter ist. Schön und bitter. Wunderschön waren die ganzen Auftritte, der Applaus, das Privileg, dass uns die Menschen zuhörten und applaudierten. Bitter war, dass wir häufig nicht den Abstand und die Zeit hatten, das alles wahrzunehmen. Man könnte mich für diesen einfachen Traum belächeln, in einem Musikverein zu spielen. Aber in einer Gemeinschaft Spaß zu haben, Freunde im selben Alter zu haben, auch mal Blödsinn zu machen, das fehlte mir.

Bei uns war alles zeitlich vorgegeben, zur Perfektion getaktet. Ich liebte das Perfekte, um bei den Bühnenauftritten auf den Punkt genau zu funktionieren. Aber wie sollte ich wissen, wie gut ich bin, wenn ich für diese Perfektion immer Einzelunterreicht bekam? Und bei über 200 Auftritten im Jahr blieb zudem keine Zeit für das normale Leben. Das war der Preis des Ruhms, den man zahlt, wenn man schon mit elf Jahren eine Show-Karriere startet.

Zwischen Traum und Wirklichkeit

Neben der Trompete lernte ich noch andere Instrumente und bekam zudem klassischen Gesangsunterricht. Ich war dabei ein Kind, das einfach seine Träume leben und erleben durfte. Als ich elf Jahre alt war, hatten meine Schwester und ich eine Idee, die sich als der Auftakt zu unserer Karriere entwickeln sollte: Wir stellten ein zweistündiges Überraschungsmusikprogramm für den vierzigsten Geburtstag unseres Vaters zusammen. Es war der 19. Mai 1988. Auf der Geburtstagsfeier zu Gast war auch ein befreundeter Musiker der regional bekannten Tanz- und Stimmungskapelle »Original Täle-Buam«. Der war total begeistert von unserem Auftritt und engagierte uns dann gleich für einen Auftritt in einem 3.000-Personen-Festzelt. Zu diesem Zeitpunkt konnte noch niemand ahnen, dass hier der Grundstein für unsere Karriere gelegt wurde. Wir waren Kinder und das war unsere Stärke: die Unbedarftheit, die Freude am Singen und an der Musik, ohne Hintergedanken oder falsche Ambitionen.

An einem Abend im Jahr 1988 war es dann so weit. Beim Bierfest in Göggingen (Landkreis Sigmaringen, Baden-Württemberg) hatten die »Original Täle-Buam« ihre große Jubiläumsveranstaltung im Festzelt. Die »Original Täle-Buam« waren damals bei uns in der Gegend richtig beliebt. Für Alexandra und für mich war es deshalb eine große Ehre, bei ihrem Konzert als Vorgruppe auftreten zu dürfen. Daraus wurde unser erster öffentlicher Auftritt vor einem richtig großen Publikum. Ich kann mich noch daran erinnern, dass es an dem Sommerabend noch sehr heiß war und im Festzelt dementsprechend sehr stickig.

Wir waren sehr früh in Göggingen vor Ort, mit dem Auto voller Gepäck. Bis zum Auftritt war noch genügend Zeit. Während meine Eltern unsere Sachen ausluden, spannte ich mir in der Garderobe eine Decke vom vorhandenen Spiegel bis in eine Ecke, um so in meinem eigenen Reich ungestört sein zu können. Meine Barbie-Puppen durften nicht fehlen. Sie wurden in einem Rucksack mitgebracht. Ich war völlig vertieft in die Welt meiner Puppen, bis ich plötzlich eine Stimme hörte: »Fertig machen zum Auftritt – es geht los!«

Schnell legte ich meine Puppen zur Seite und betrat mit meiner Schwester die große Bühne. Dort gab ich musikalisch alles. Es machte mir unglaublich viel Spaß. Von Nervosität keine Spur.

Ich muss so authentisch gewesen sein, dass der Funke sofort übersprang. Die Leute tobten. Und je mehr sie tobten, desto mehr ging ich aus mir heraus. Ich kann mich noch daran erinnern, dass die Leute im Festzelt dachten, ich sei ein Junge, weil ich im Gegensatz zu meiner frühen Kindheit kurze Haare trug und beim ersten Teil unseres Konzerts dann auch noch mit Lederhose auftrat. Wir zogen uns während des Auftritts immer wieder um, damit unser Outfit zu den unterschiedlichen Liedern passte. Durch die Verkleidung gelang es mir noch einmal besser, vollständig in meine jeweilige Rolle einzutauchen.

Kurz zuvor hatten wir uns zu Hause am Kleiderschrank meiner Eltern bedient. Für unsere Interpretation des Liedes »Das kommt uns spanisch vor« von der Schweizer Sängerin Maja Brunner hatte ich einen gelben Rock meiner Mutter gewählt. Den zog ich bis unter meine Achseln, weil ich so klein war und sich der Rock für mich eher als Kleid eignete – und selbst dann war er noch zu lang. Schwarzer Gürtel drauf und fertig war das Outfit. Als wir »Rock Around the Clock« sangen und Alexandra uns auf dem Clavinova begleitete, trug ich ein langes, silbergraues Hemd meines Vaters mitsamt Krawatte. Ich imitierte auf meine kindliche Art Elvis Presley. Obwohl den Song im Original Bill Haley sang, wollte ich optisch als Elvis erscheinen. Während unserer Version des Neue Deutsche Welle-Hits »99 Luftballons« von Nena steckte ich in einem graugelb gestreiften Pullover, der zwar nicht oversized war, wie man heutzutage sagen würde, aber an mir wahrscheinlich so wirkte.

Alexandra und ich mussten eigentlich auf der Bühne nicht viel tun und die Leute flippten regelrecht aus vor Begeisterung. Es war unglaublich, wie wir trotz unseres sehr jungen Alters und unserer Unerfahrenheit auf der Bühne die Stimmung so anheizen konnten. Die Begeisterung des Publikums entfachte ein Feuer in mir und damit heizte ich auch weitere Festzelte und Hallen ein. Diese Magie der Live-Musik belebte mich von der ersten Sekunde an und hat bis heute nichts an ihrer Faszination verloren.

Sicher auch aus diesem Grund erreichten uns nach dem Auftritt beim Gögginger Bierfest bald schon weitere Anfragen. Dann explodierte die Sache völlig. Auch die örtliche Presse wurde auf uns aufmerksam. In den Berichten schrieben sie über uns als »Geschwister Hofmann«. So war dann nach einigen öffentlichen Auftritten unser offizieller Duoname geboren.

Musik war einfach meine Welt. Ob Jodeln, Schlager oder Rock n' Roll – mir machte alles Spaß. Egal, wo Alexandra und ich fortan auftraten, wir räumten ab und hatten riesigen Erfolg. Unsere allererste Gage war ein kleiner und total süßer Biedermeierstrauß. Vielleicht bedeuteten diese Blumen viel mehr Anerkennung als jeder Scheck. Wir gingen als Kinder auf die Bühne und gingen als Künstler wieder runter. Bis vor Kurzem spielte ich mit meinen Barbie-Puppen nur zu Hause. Jetzt waren meine Puppen mit dabei, wenn es auf Konzerte ging. Ich spielte wie jedes andere Kind auch. Dazwischen gab es einen Auftritt nach dem anderen. Alles war Spiel für mich und jedenfalls in den ersten Jahren auch kinderleicht. Ob mir die Barbie-Puppen hinter der Bühne zuhörten oder die tausend Menschen im Publikum, spielte keine Rolle für mich. Ich suchte die Bühne und fand sie überall.

Daran hat sich nie etwas geändert. Auf der Bühne lebte ich meine Leidenschaft aus. Dieses Reich gehörte mir. Ich habe mir nie viele Gedanken darüber gemacht, ob es so richtig war. Meine Schwester und ich haben immer unser Ding gemacht. Wir waren nie nervös, denn wir kannten nichts anderes als die Bühne. Es war selbstverständlich und tat gut, wenn wir loslegten. Unser Talent wurde erkannt und auch das tat uns gut. Wir lebten nie im Ungewissen, für was wir hier auf der Welt waren. Es war klar: Entertainment und gute Musik, egal welches Genre. Wir vermittelten auf den Bühnen stets positive Energie und jede Menge Leidenschaft für die Sache. Das Publikum dankte es uns.

Nach den Konzerten mischten wir uns in das Publikum, immer ausgestattet mit Bauchladen. Auch hier feierten uns alle und die Show ging quasi im Kleinen weiter. Unsere Mutter hatte dabei auch was zu tun: aufpassen, damit nichts passierte. Vor allem in den hinteren Reihen der Festzelte war der Alkoholpegel erhöht. Unsere Mutter hatte Angst, dass jemand übergriffig werden könnte. Zum Glück ist nie etwas passiert. Wir verteilten Autogrammkarten, verkauften Kassetten und später hatten wir unsere erste eigene CD im Angebot. Obwohl wir auch die Begegnungen im Publikum genießen konnten, war es doch die andere Seite der Auftritte. Hier ging es nicht um die ferne Bühne, auf der man weit ab von den anderen stand. Hier ging es um Tuchfühlung, um Begegnung und letztlich auch ums Verkaufen. Musik ist auch immer Business, denn damals wurde der Grundstein dafür gelegt, dass aus Begabung ein Beruf wird und aus dem Singen und Musizieren ein Lebensentwurf – klar, auch zum Geldverdienen.

Ich bin nicht zu stoppen – bei einem Auftritt 1989.

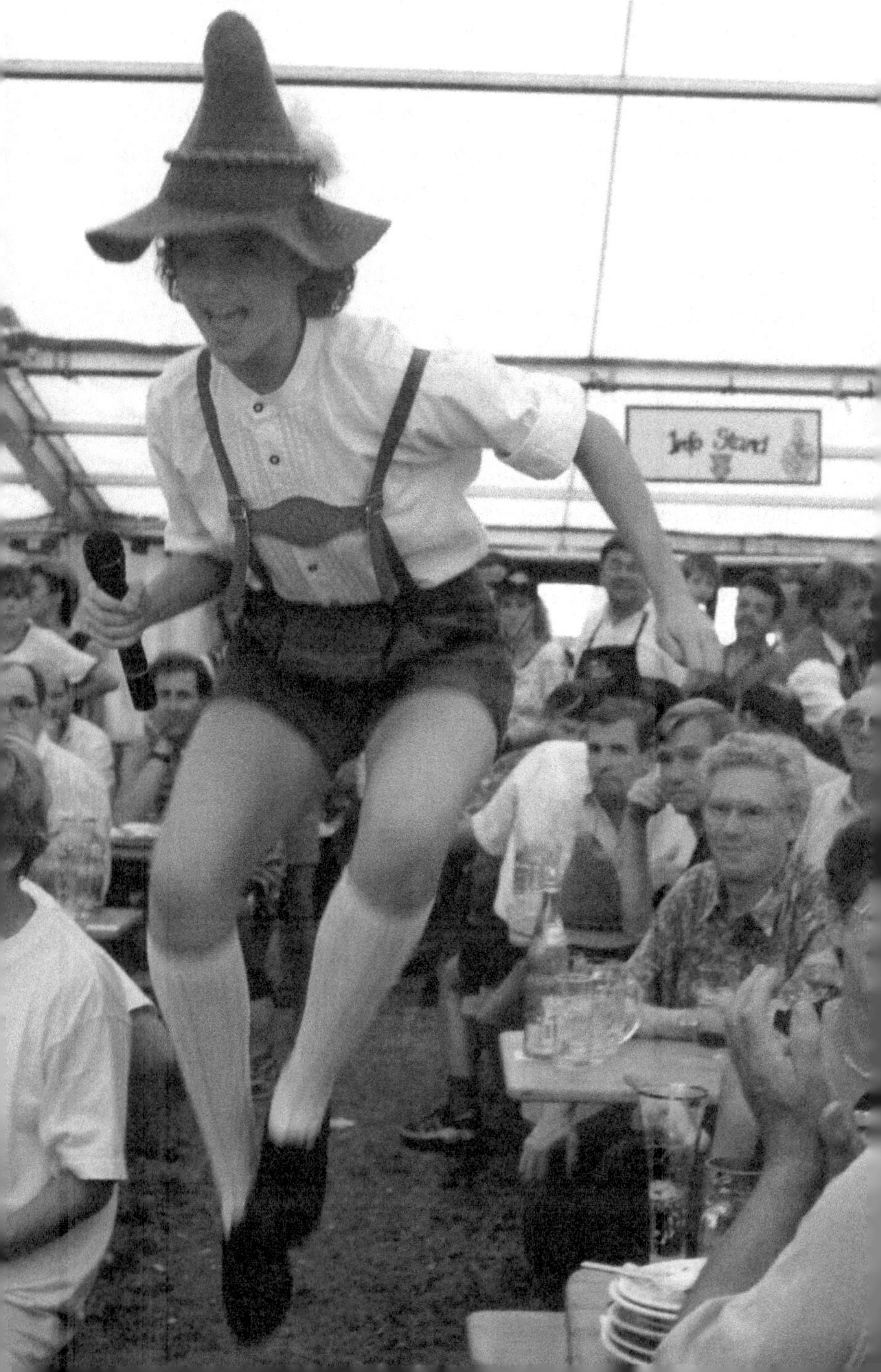

Roy Black und ich haben uns knapp verfehlt

Mit dem steigenden Erfolg war ich schon als Kind immer mehr eingespannt als andere Altersgenossen. Ich hatte einen Terminkalender, ich musste Termine wahrnehmen und wenn ich dort war, auch gut drauf sein. Eine Kindheit mit Terminen ist etwas anderes als eine Kindheit, die mit viel Freizeit einhergeht. Oft hatte ich keine Zeit, einfach meiner Lust und meiner Laune hinterherzujagen. Ich musste mich vorbereiten, anreisen und abliefern. Das war so anstrengend wie in jedem anderen Job auch. Andererseits ging das mit großartigen Chancen und schicksalhaften Begegnungen einher.

Eines dieser Ereignisse, denen ich entgegenfieberte, war ein bevorstehender Auftritt gemeinsam mit Roy Black. Meine Generation und ich sind mit seiner Musik und auch seinen Filmen aufgewachsen. Meine Eltern besaßen etliche Platten, die ich im Schlaf auswendig kannte. Immer wenn eine neue Folge der TV-Serie »Ein Schloß am Wörthersee« ausgestrahlt wurde, saß ich gebannt vor dem Fernseher. Roy Black verkörperte in der Serie einen Hotelier. Seine charmante Art und sein Charisma tauchten alles in ein besonderes Licht. Die Handlung drehte sich um die Höhen und Tiefen des Hotelalltags, die Liebe und um die Intrigen der Hotelgäste und der Hotelangestellten.

Roy Black war für mich einfach perfekt. Er strahlte Sympathie und Perfektion aus. Ich mochte ihn als Schauspieler, ich liebte seine Songs und stellte mir vor, wie es wäre, mit ihm einen Film zu drehen und mit ihm zu singen. Was für ein schöner Traum. Als ich an einem Tag ziemlich müde nach Hause kam, trat mir meine Mutter auf der Treppe entgegen – über beide Ohren grinsend: »Dreimal darfst du raten, mit wem du in drei Wochen einen Auftritt haben wirst!«, sagte sie zu mir. Ich hatte keine Ahnung, was meine Mutter meinte. Ich konnte und wollte mir dazu auch keine Gedanken machen. Da jubelte meine Mutter: »Mit Roy Black!

Ich konnte es kaum glauben und brauchte tatsächlich ein paar Minuten, bis ich begriff, was meine Mutter da eben gesagt hatte. In der folgenden Nacht war ich so aufgeregt, dass ich kein Auge zubekam. Wie sollte ich es noch drei Wochen aushalten? Und noch viel schlimmer: Bekäme ich überhaupt einen Ton heraus, wenn Roy Black neben mir stand?

Doch dann kam alles ganz anders. Es war der 10. Oktober 1991, als im Radio und im Fernsehen vom Tod Roy Blacks berichtet wurde. Wir erfuhren es über die »Tagesschau«. Ich weiß noch, dass meine Familie erstmal vor Entsetzen gar nichts erwidern konnten. Mit aufgerissenen Augen hörten wir völlig erschüttert, dass Roy Black wohl in einer einsamen Fischerhütte einen Herzanfall erlitten habe. Da er dort allein war, konnte niemand einen Notarzt informieren. Roy Black war bereits tot, als man ihn fand.

Ich war so schockiert, dass ich damals keinen Ton herausbrachte. Mein Vater legte den Arm um mich und meinte, es tue ihm leid, da ich mich so auf den gemeinsamen Auftritt gefreut hatte. Besorgt schaute er mich an, genau wie meine Mutter. Aber ich wollte mir nicht anmerken lassen, wie sehr mich der Tod meines Idols getroffen hatte. Außerdem hatte ich bis zu diesem Zeitpunkt noch keine direkten oder auch indirekten Berührungen mit dem Thema Tod. »Ich muss noch ein paar Englischvokabeln lernen«, erwiderte ich und schloss mich daraufhin in meinem Zimmer ein.

Danach las ich viel über Roy Black und beschäftigte mich intensiv mit dem Menschen hinter der Kunstfigur. Ich erfuhr von seiner Zerrissenheit, nicht zwischen Roy Black und Gerhard Höllerich unterscheiden zu können, von seinem chronischen Geldmangel und vom Zweifel an seinem Dasein als Schlagersänger, von seinem sinkenden Erfolg in den 80er-Jahren, seinen Alkoholproblemen und seiner Herzkrankheit. Und auch von den Enttäuschungen, die Roy Black in seinem Privat- und Liebesleben erdulden musste.

Es ist sehr schade, dass ich ihn niemals kennenlernen durfte. Unsere Wege hätten sich beinahe gekreuzt. Dieses »Beinahe« macht mich trotzdem stolz. Durch die Beschäftigung mit Roy Black wurde ich das erste Mal mit den persönlichen Konsequenzen von Erfolg und Misserfolg konfrontiert. Ich erfuhr von den Schattenseiten des Ruhms. Während die eine Seite glänzt und angeleuchtet wird, liegt die andere Seite im Schatten. Schattenseiten, die sich rückblickend auch in meinem Leben als Künstlerin häuften.

Vom Erleben und vom Verpassen

Warum schreibe ich mehr darüber, was ich verpasst habe und weniger, was ich erleben konnte und durfte? Das soll meine etwas andere Biografie sein. Ich möchte erzählen, was nicht in der Boulevardpresse über mich geschrieben wurde. Nicht, weil ich mich in Selbstmitleid suhlen möchte, sondern weil ich glaube, dass in diesen verpassten Chancen etwas Wertvolles steckt. Alles ist für irgendetwas gut im Leben. Ich sehe meine Schattenseiten nicht als Strafe, sondern als Aufgabe, als Herausforderung, woran man wachsen darf. Nicht jammern, sondern sich dem Ganzen stellen!

Ich bin der Meinung, dass uns einige Lebensmuster immer wieder begegnen. Das passiert so lange, bis wir daraus lernen und daran gewachsen sind. Deshalb sage ich bei jeder Herausforderung: Danke, dass ich wieder üben darf. Erst wenn man seine Schwachstellen erkennt, ist der Anfang getan, sie zu beheben. Nur so wächst man. Oft dauert es eben länger, bis man seine Schwachstellen ausmacht. Und das Leben klopft dann halt nochmal an, wenn es sein muss wieder und immer wieder.

Es gibt viele erlebte Momente, die mich geformt haben. Hier bin ich sicher nicht allein unterwegs. Es gab aber auch diese Augenblicke, in denen mein Leben mir wichtige Erfahrungen vorenthalten hat. Diese versäumten Gelegenheiten wurden zu unscheinbaren Wegweisern meines Lebens. Indem ich darüber spreche, was ich verpasst habe, teile ich nicht nur meine Erfolge, sondern auch meine Unsicherheiten. Es erfordert eine gewisse Demut, über die verpassten Möglichkeiten zu reden. Doch Ehrlichkeit ist mir wichtig. Es ist nicht einfach, sich verletzlich zu zeigen. Aber es macht einen stark.

Neben der verpassten Chance, Roy Black persönlich kennenzulernen, verpasste ich noch weitere Dinge. Diese hören sich wie banale Kleinigkeiten an. Sie wären aber für meine Entwicklung sehr wichtig gewesen und hätten mir geholfen, vor allem mehr Anschluss zu Gleichaltrigen zu finden – ohne Leistungsdruck, ohne Fremdbestimmung, ohne Gedanken an eine berufliche Karriere.

An die 7. Schulklasse erinnere ich mich deshalb so gut, als ob es erst gestern gewesen wäre. Damals kam unser Klassenlehrer nach den Sommerferien in den Unterricht und ermahnte uns, still zu sein, weil er etwas Wichtiges zu verkünden hätte: »Wir gehen in diesem Schuljahr für eine Woche ins Landschulheim«, sagte er. Ich weiß noch, dass wir uns alle mit großen Augen ansahen, weil wir uns freuten und gespannt waren auf das, was da auf uns zukommen sollte. Außerdem war das Landschulheim eine gute Gelegenheit für mich, endlich mal über eine längere Zeit mit Gleichaltrigen zusammen zu sein.

Durch meinen frühen Einstieg in die Berufswelt hatte ich als Kind und Jugendliche eigentlich nur mit Erwachsenen zu tun. Ob hinter der Bühne oder davor. Alle sahen immer den Star in mir. Das war und ist auch schön. Doch man hat nicht gesehen, wer ich wirklich bin. Und Anita Hofmann ist mehr als nur der Show-Star auf der Bühne oder im Fernsehen.

Deshalb war die Chance für mich, mit Gleichaltrigen ins Landschulheim zu fahren, ein tolles Gefühl! In der Klasse überlegten wir bereits, wie wir die Abende gestalten wollten. Uns war klar, dass es an einem Abend unbedingt eine Disco geben musste. Für einen anderen Abend planten wir eine schicke Modenschau, bei der die Jungs in Frauenkleidern auftreten sollten. Wir planten einen Spieleabend und schrieben genau auf, wer welches Brettspiel mitbringen sollte. Es war wunderbar. Ich fühlte mich als fester Teil der Klasse. Schon Wochen vor unserer geplanten Abfahrt ins Landschulheim kramte ich in unserem Keller nach einem Koffer, um meine Kleidung und all die Dinge einzupacken, die ich dort benötigen würde. Ich war schon sehr aufgeregt.

Doch es sollte auch hier alles ganz anders kommen. So wurden meine Schwester und ich für einen Auftritt gebucht, den wir unmöglich absagen konnten, weil er wichtig war für unsere weitere Karriere. Rums! Das Landschulheim, auf das ich mich immens gefreut hatte, für das ich alles getan hatte, war für mich passé. Ich weiß noch gut, wie enttäuscht und tieftraurig ich war. Das war er eben der Preis, den ich für meinen frühen beruflichen Erfolg bezahlen musste. Vieles musste hintenanstehen, wurde dem Job untergeordnet. Es zählte nur: Karriere first! Was ich als Kind und Jugendliche wollte und sicher auch brauchte, zählte nicht und bekam einfach keine Chance.

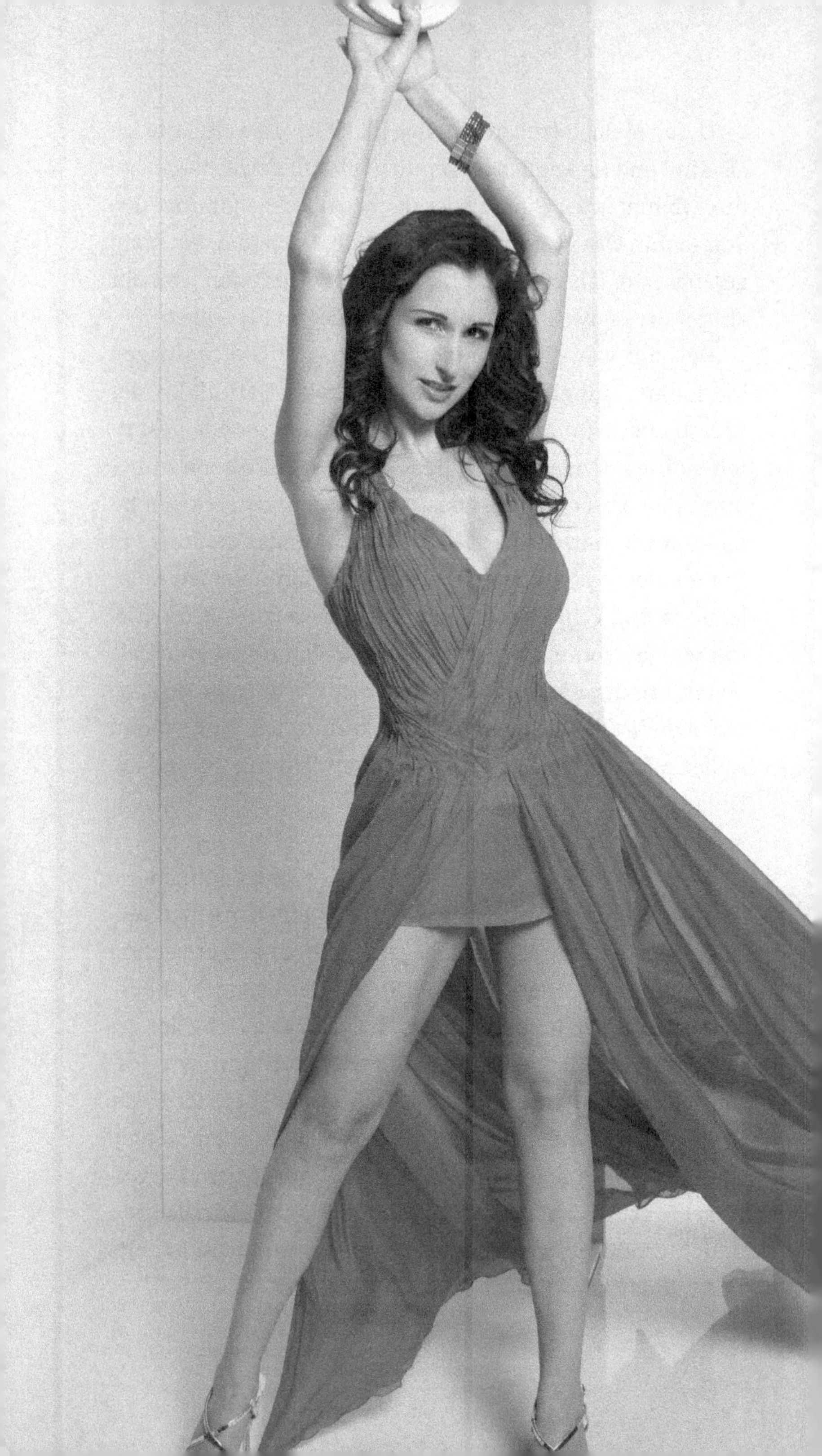

Tun, was man liebt

Musik nahm mir alles und gibt mir doch so viel

Ehrgeizig war ich schon immer. Ich habe die Musik nicht nur als Hobby, sondern als Berufung verstanden. Musik gibt dir so viel zurück. Wenn du spielst, dann spielst du erst mal irgendwie nur für dich. Dieser Moment des Musizierens ist oft eine sehr persönliche Erfahrung. Ich tauche dabei ein in eine Welt, die wie für mich geschaffen ist – eine Welt, die durch Klang, Rhythmus und Melodie gestaltet wird. In diesen Augenblicken ist die Musik eine Art Dialog mit mir selbst, eine Form der Selbstreflexion und des inneren Ausdrucks. Das hat wenig mit Bühnenshow zu tun. Hier sitzt quasi nur eine im Publikum – und das bin ich selbst.

Es ist bemerkenswert, wie Musik eine Verbindung zu den eigenen Emotionen und Gedanken schafft. Ich versetze mich bei gewissen Liedern in manche Situationen meines Lebens. Spüre die Gefühle, die ich dabei empfunden habe und lebe sie in der Musik aus. Das kann Freude sein oder Schmerz, vielleicht Sehnsucht oder Wut. Ich bin der Meinung, dass man Musik authentischer rüberbringen kann, wenn man die Story des Songs selbst erlebt hat. Wie soll man von Trennung oder Liebe singen, wenn man sie nie erfahren hat. Musik bietet eine Möglichkeit zur Selbstentfaltung. Man flüchtet in eine Welt, die von Stress, Gefahren und der Meinung anderer befreit ist. Ohne diese Welt hätte ich nie mein Glück gefunden. Ich habe alles für die Musik gegeben und die Musik hat mir alles geschenkt, was ich heute bin.

Die Liebe zum Alphorn

Im Jahr 1989 hatten wir einen Auftritt gemeinsam mit einigen Alphornbläsern. Mich faszinierte dieses besondere Instrument. Würde ich es schaffen, einem über drei Meter langen Alphorn einen brauchbaren Ton zu entlocken? Schließlich war ich bei unserer ersten Begegnung erst zwölf Jahre alt und entsprechend klein. Ich wagte es. Mit beachtlichem Erfolg: Ich traf fast alle Töne auf Anhieb. Sehr zur Überraschung der um mich herumstehenden Profialphornbläser. Die hatten das wahrlich nicht erwartet. Mein Vater sah meine strahlenden Augen. Für ihn war klar: Seine Tochter Anita sollte ein eigenes Alphorn bekommen. So geschah es dann auch.

Ein ganzes Dreivierteljahr dauerte es. Das Alphorn wurde liebevoll in Handarbeit aus Haselfichte (Klangfichte) hergestellt. Auch Geigen, Gitarren und Klaviere werden aus diesem Holz gefertigt. Voller Ungeduld wartete ich auf mein Instrument, bis wir dann endlich den erlösenden Anruf erhielten, wir könnten es in der Schweiz abholen. Bei unserer ersten Begegnung bewunderte ich meine »Swiss Lady« – wunderschön verziert mit kunstvollen Schnitzereien und handbemalten Insignien des Herstellers. Das Mundstück ist aus Holz und ebenfalls handgeschnitzt. Ein Unikat. Auf der Rückfahrt legte ich mich gemeinsam mit meinem Instrument auf den Boden unseres Transporters und hielt es fest umschlungen. Ich wollte es nie wieder loslassen, so stolz war ich darauf. Ja, es war und es ist Liebe auf den ersten Blick! Noch heute begleitet mich dieses 3,36 Meter lange Instrument zu meinen Auftritten. Künftig wird es eine noch größere Rolle spielen und soll dann bei Bedarf auch bis auf 4,28 Meter verlängert werden. Zum Transport werden die einzelnen Rohrbestandteile auseinandergezogen und in eine passende, gut schützende Transporttasche gesteckt.

Den ersten Unterricht auf dem Alphorn erhielt ich durch einen Pater aus dem benachbarten Kloster Beuron im Donautal (Baden-Württemberg). Dieser Pater war kleiner als ich und hatte nur einen Lungenflügel. Er spielte mit einer Ruhe und Zufriedenheit, die ansteckend war. Sein Ton auf dem Alphorn war warm und raumfüllend. Wir gingen an eine spezielle Stelle des Klosters. Dort gab es ein wunderbares Echo, wenn man Alphorn spielte. Mit so einem Echo im Duett zu spielen, machte noch mehr Spaß. Der Pater schenkte mir abschließend ein ganz altes Alphornbüchlein, das auch heute noch zu meinen Schätzen gehört. Schon bald erschien ich dann mit meinem Alphorn auf den Bühnen. Das erste Stück, das ich spielte, war »Der Alphornzauber«, später dann »Der alte Dessauer«, eigentlich ein Bravourstück auf der Trompete. Dafür mussten die Noten speziell fürs Alphorn umgeschrieben werden. Dabei half mir mein damaliger Trompetenlehrer. Somit bin ich die Einzige auf der Welt, die diesen virtuosen Marsch auf dem Alphorn spielt.

Ich liebe die Einfachheit im Leben und so ist mir, auch wenn das kitschig klingen mag, mein Alphorn immer auch ein bisschen Vorbild. Wenn ich spiele, dann hat das immer auch etwas Spirituelles.

Zuerst stelle ich es sorgfältig auf. Seine sanften Bögen und seine charakteristische Form besitzen eine ehrfurchtgebietende Präsenz, die ich von keinem anderen Instrument kenne. Der Respekt vor der Geschichte und Tradition dieses Instruments durchströmt mich und dann tauche ich ein in die Töne meiner »Swiss Lady«. Der erste Atemzug füllt meine Lungen. Ich spüre die Verbindung zur Luft und Natur, die das Alphorn so einzigartig macht. Für die Töne bedarf es keiner Kraft, sondern Technik und viel Feingefühl.

Ein tiefer, resonanter Klang breitet sich aus, durchdringt den Raum. Der Atem fließt gleichmäßig, während ich die charakteristischen Melodien und Harmonien erzeuge, die das Alphorn auszeichnen. Die Kombination aus Lippenkontrolle und Atemtechnik erfordert Präzision und Hingabe. Und die natürliche Akustik des Instruments verstärkt die Klänge, mit denen ich mich irgendwie den Bergen nahe fühle.

Die Klänge, die ich erzeuge, spiegeln Traditionen wider, die viel älter sind als wir alle. Vielleicht ist das Alphorn nicht wirklich sexy für eine junge Frau, aber ich kann aus jahrelanger Erfahrung sagen, es beeindruckt die Zuschauer und Fans. Es reizt mich, mit meinem eigenen Style virtuose Stücke darauf zu spielen, die niemand sonst so spielt wie ich. Dabei müssen es nicht immer nur die typischen traditionellen Stücke sein. Es gehört zu mir: mein Alphorn – meine »Swiss Lady«.

Nun, 33 Jahre nachdem ich das Instrument geschenkt bekommen habe, fahre ich erneut in die Schweiz, genauer nach Eggiwil, Kanton Bern, um mein Alphorn auf Vordermann bringen zu lassen und dabei den Mann wiederzusehen, der ein Vierteljahrhundert zuvor mein Instrument von Hand erbaut hatte. Es war wie Eintauchen in die Vergangenheit. Es war, als wäre die Zeit stehengeblieben. Der Senior-Firmenchef Hans-Ruedi und seine Frau begrüßten mich, als wenn sie mich erst gestern das letzte Mal gesehen hätten. Sie zeigten mir ein altes Buch, in dem sie damals notiert hatten, wann sie mein Alphorn erbaut hatten. Inzwischen hat der Sohn Walter den Betrieb »Bachmanns Alphornmacherei« übernommen und dabei alles von seinem Vater gelernt.

Damals wie heute mein ganzer Stolz: meine »Swiss Lady«.

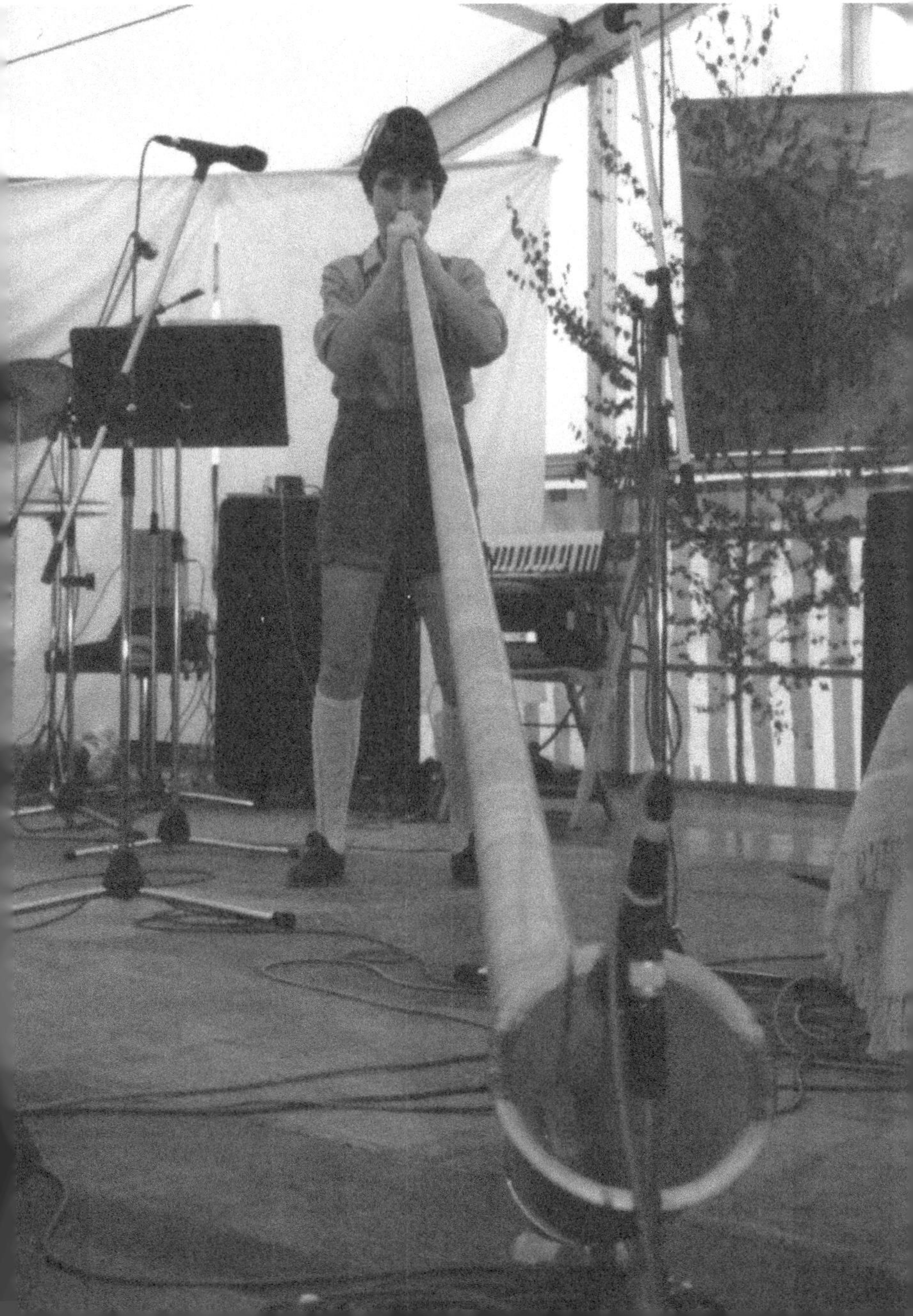

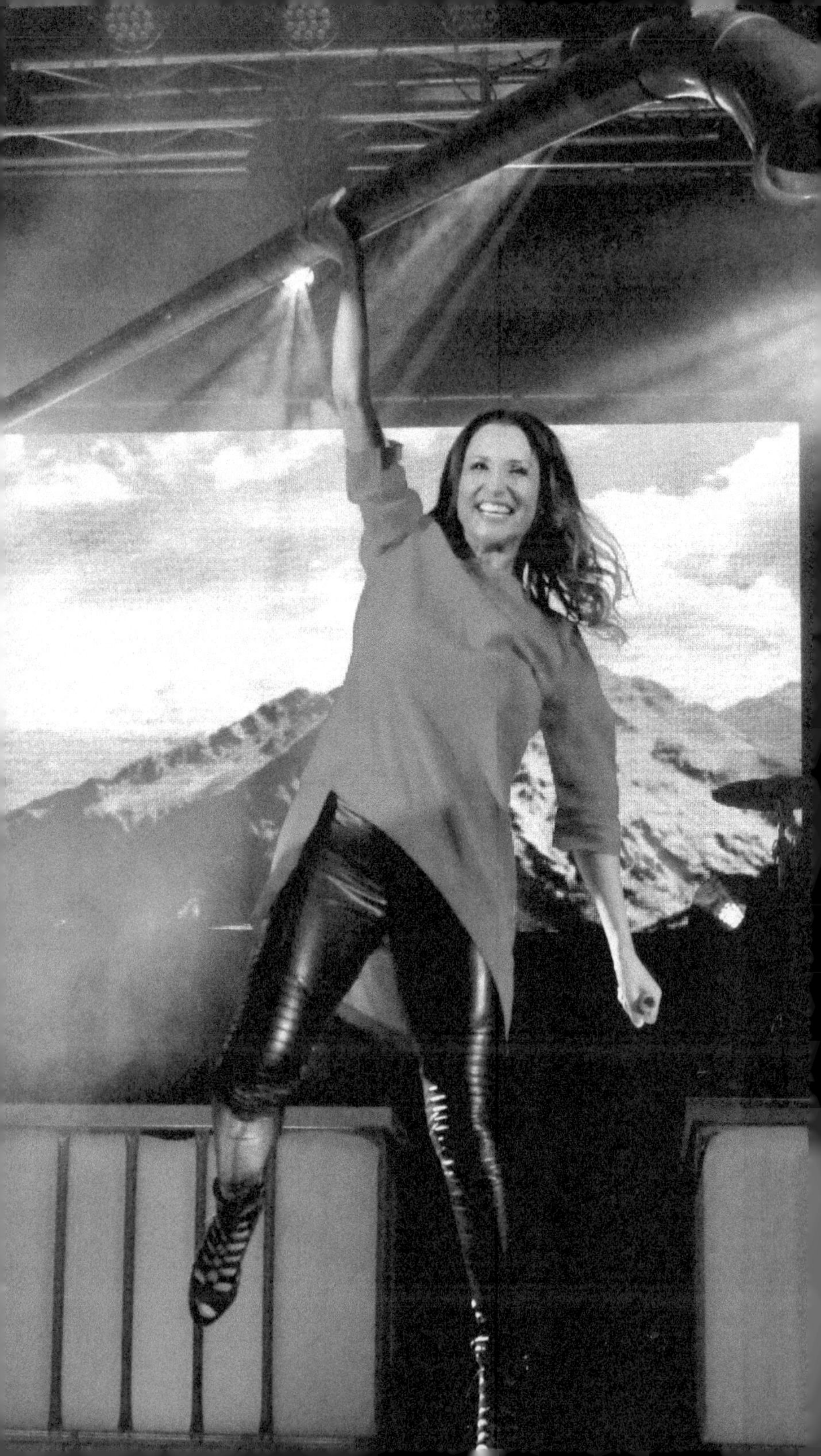

Trotz Erfolg sollte man bodenständig bleiben

Mein musikalisches Können und meine schnellen Fortschritte auf dem Alphorn trugen dazu bei, dass ich immer wieder Halt fand. Auch wenn ich voll Selbstzweifel war, gab es so einen Bereich, in dem ich sehr sicher und selbstbewusst sein konnte. In der Musik erlebte ich immer eine Leichtigkeit und Freiheit wie sonst nirgends. Musik soll schließlich eine Insel schaffen, auf der die Seele entspannen kann. Außerdem wollte ich schon früh einem Ideal nacheifern, das ich bis heute nicht verloren habe: bei allem echt und authentisch sein, egal, was ich mache.

Im Zusammenhang mit dem Alphornspielen ist mir eine Geschichte in Erinnerung geblieben. Ich war dreizehn Jahre alt, als wir einen Ministrantenausflug in den Europa-Park machten. Dort spielten zu diesem Zeitpunkt drei Alphornbläser. Mit aufgeplusterten Backen standen sie da und entlockten den Alphörnern traditionelle und langsame dreistimmige Melodien. Ich beobachtete sie aus der Ferne. Sie strahlten eine gewisse Arroganz aus. Und sie taten so, als ob es schwierig wäre, diesen Instrumenten Töne zu entlocken.

Ich konnte nicht verstehen, warum man so eingebildet auftreten musste. Gut, sie spielen Alphorn. »Ja und?«, dachte ich mir. Ich spiele es auch. Deshalb muss man doch nicht eingebildet sein. Ich hatte plötzlich den Drang, diesen drei Männern einen Denkzettel zu verpassen. Ich näherte mich den Musikern, die gerade an ihrem Bier nippten. Sie beachteten mich zunächst gar nicht. Dabei spielte ich die Schüchterne, Unerfahrene und fragte mutig: »Darf ich mal probieren, ob ich einen Ton auf dem Alphorn herausbekomme?« Die drei Musiker gestatteten es mir. Es interessierte sie aber nicht weiter. Kurz darauf pustete ich dann in das Alphorn hinein, um schließlich so richtig loszulegen. Dann schüttelte ich den »Alphornzauber« aus dem Ärmel. Das ist eine schnelle Tonsequenz, die ich in meinen Shows damals schon auf dem Alphorn gerockt habe. Die Augen der Schweizer Alphornspieler wurden groß und größer. Einfach herrlich. Ich bedankte mich, stellte das Instrument wieder an die Wand, wo es vorher gestanden hatte, und ging mit meiner Freundin weiter. »Was machen die jetzt?«, wollte ich wissen. »Die kriegen ihren Mund nicht mehr zu«, antwortete sie lachend.

Das ist für mich ein schönes Beispiel dafür, dass nicht immer die die Größten sind, die sich aufplustern und meist nur heiße Luft von sich geben. Solche Blender gibt es überall, nicht nur in der Musikwelt, in der ich mich bewege. Echtes Können und authentische Bodenständigkeit sind für mich die wahren Größen. So gehe ich durchs Leben.

Musik aus dem Kellerschacht

Es ist schon krass: Für eine Stunde Auftritt ist man viel unterwegs – manchmal auch bis zu 24 Stunden. Wir Künstler sitzen dafür weitaus länger im Auto und warten dann auch noch einige Zeit backstage, bis man letztlich auf der Bühne steht. Das ist auch ein schweres Los unseres Jobs als Musiker. Aber ich kenne es ja nicht anders.

Sobald man am Auftrittsort ankommt, wird man durchgeschleust. Nicht selten war dann zwar mein Körper anwesend, mein Geist aber noch nicht. Das Gefühl kenne ich heute noch. In kürzester Zeit sagen unzählige Menschen »Hallo«. So viele, die nett sind zu mir. Durchflutet von Eindrücken ist es schwierig, sich in so kurzer Zeit die gefühlte Masse an Menschen zu merken. Das ist mir oft unangenehm, würde ich sie doch alle gern mit ihrem Namen ansprechen.

Die Menschen interessierten sich für mich. Aber nur, weil sie mich aus dem TV kannten oder schon in irgendwelchen Blättern etwas über mich gelesen hatten und ich, ganz klar, sehr lange Zeit Teil des Gesangsduos war. Ich war die eine von beiden, die Dunkelhaarige, das Schneewittchen. Sie meinten alle, sie kennen mich – mehr oder weniger. Aber die wirkliche Anita sah und kannte niemand. Es tat mir nicht weh und ich war auch nicht traurig darüber. Es war und ist alles so okay für mich. Denn auch das bin ich. Ist halt nur ein Teil von mir. Ich bekam die Bühne, auf der ich meine Träume ausleben konnte. Erst wenn die Show beginnt, erscheint die Sängerin Anita, die allen zeigt, was sie kann.

Diese Kombination aus Überflutung von Eindrücken, dem »Spiel« auf der Bühne sowie den langen Fahrten und den Wartezeiten hinter den Kulissen bestimmten von Anfang an meinen beruflichen Alltag. Ich nutzte die Freiräume zwischen den Auftritten immer, um Trompete zu üben. Hatte ich doch ein Ziel: Ich wollte den Wettbewerb »Jugend musiziert« gewinnen.

Hierfür trainierte ich mit Hilfe einer Stoppuhr zwei Stunden am Tag. Übte mit meiner Trompete einen klassischen, einen modernen, einen langsamen und einen schnellen Satz. Ich wusste, die Jury ist streng und unerbittlich. Die Prüfung war hart und ist für viele Jugendliche noch heute hart. Meine Noten saßen perfekt. Ich war richtig stolz, denn ich hatte mich ein Vierteljahr gezielt auf diese Prüfung vorbereitet, auch immer wieder intensiv in der Musikschule Tübingen bei meinem sehr kompetenten Trompetenlehrer Helmut Gleissle. Kein geringerer als Startrompeter Walter Scholz hatte ihn mir damals vermittelt. Er sagte zu mir: »Anita, du hast so einen guten Naturansatz, dir fehlt aber der richtige Lehrer.« Helmut Gleissle war einer der Vorzeigeschüler von Walter

Scholz. Bei ihm bekam ich jahrelang eine klassische Ausbildung, durch die ich mir einen Grundstock für all meine anderen Instrumente legen konnte. Nur eines vermisste ich dabei immer, wie schon an anderer Stelle erwähnt: mit anderen zusammen zu musizieren. Nie konnte ich einschätzen, wie gut ich wirklich war – mir fehlte einfach der direkte Vergleich. Aber vielleicht hat mich das am meisten angespornt.

Zu dieser Zeit hatte ich mit Alexandra schon so viele Auftritte, dass wir ständig in irgendwelchen Hotels übernachteten. Wann und wie sollte ich dann üben? Vor allem, wenn wir gefühlt den ganzen Tag im Auto verbrachten? An solchen Konzerttagen schnappte ich meist bereits um 5 Uhr morgens meine Trompete, suchte in den Hotels den Heizungskeller oder irgendein Stuhllager auf, um dort ungestört Trompete zu spielen. Was ich erst später erfahren hatte: Hatte der Heizungskeller einen Lüftungsschacht, wirkte dieser wie ein Verstärker im gesamten Hotel. Man hörte also überall im Gebäude meine Stücke – ganz zur Freude der Hotelgäste und meiner Kollegen, denn an Schlaf war so bei keinem mehr zu denken.

Auf der Bühne – hier sitzt jeder Ton.

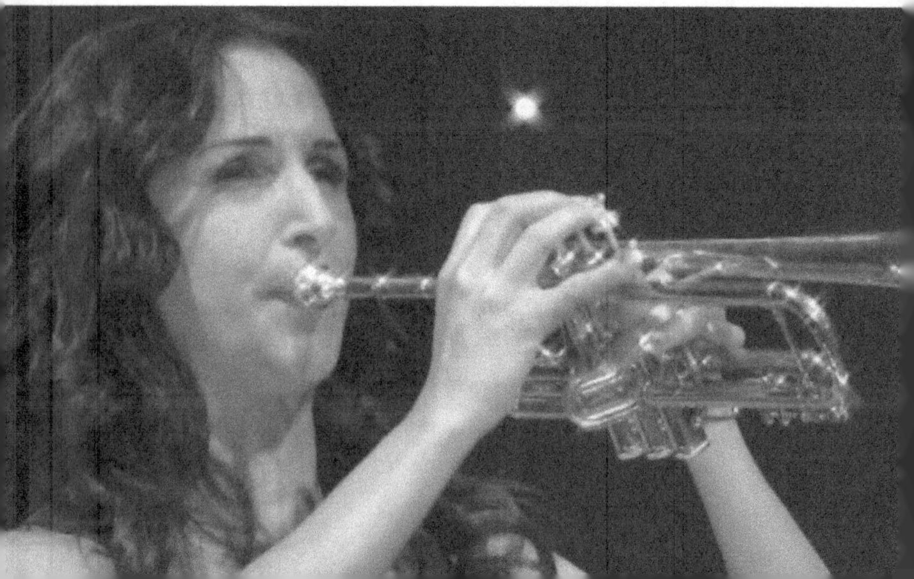

Mit unserer Karriere ging es steil bergauf. Im Jahr 1990 war es dann endlich so weit: Alexandra und ich nahmen unsere erste CD auf, die den Titel »Heimat Hits« trug. Auch wenn sich unsere erste CD-Aufnahme im österreichischen Innsbruck zunächst zu einer regelrechten Katastrophe entwickelte.

1990 ist sie endlich da: unsere erste CD!

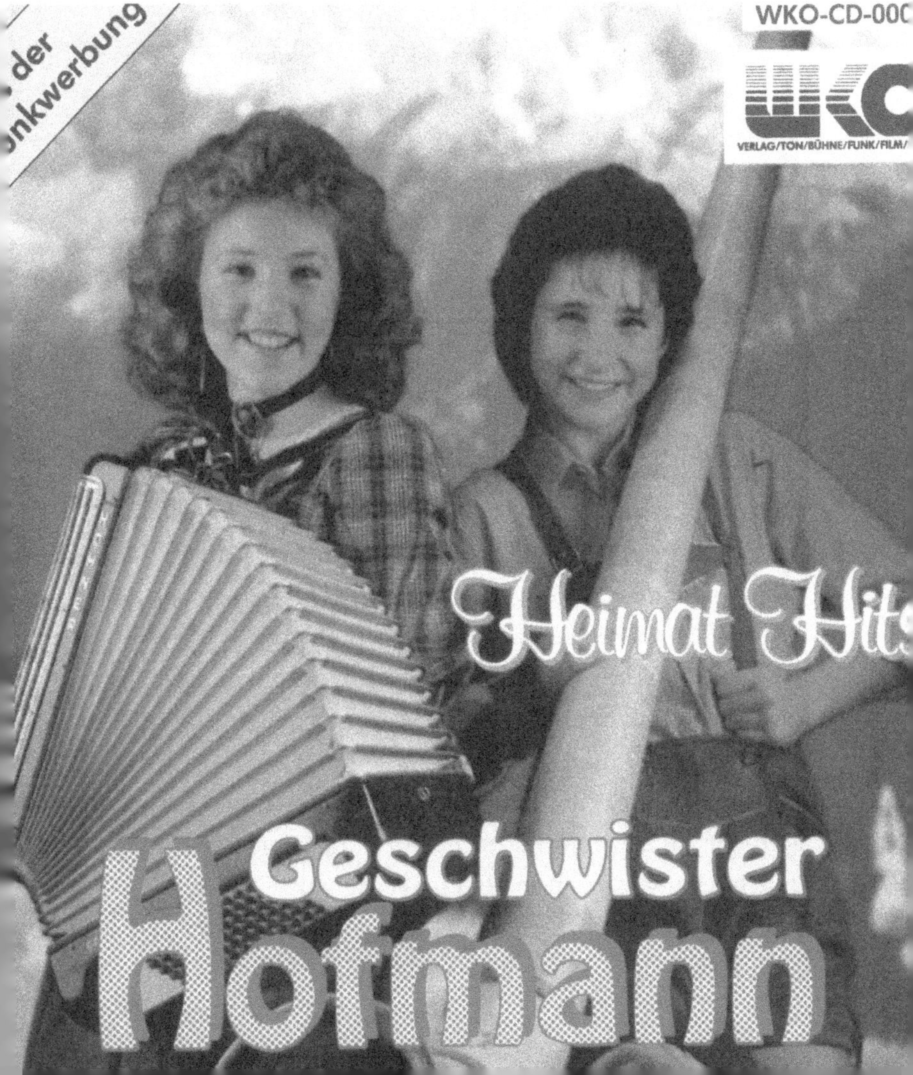

Geschuldet war alles unserer Unerfahrenheit. Wir hatten zuvor noch nie ein Tonstudio von innen gesehen. Der Umgang mit Kopfhörern war uns fremd. Auch sonst wollte es an diesem Tag nicht klappen. Die Aufnahmen für ein Lied dauerten zehn Stunden! Das Ganze ging sogar so weit, dass unsere Mutter währenddessen in einer Bergkapelle ein Gebet sprach, da hier alles scheinbar nie enden wollte. Ob das dann geholfen hat, kann ich nicht bestätigen. Nur eines: Nach diesem Termin im Tonstudio bekamen wir Gesangsunterricht und die dann folgenden Aufnahmen klappten reibungsloser. Es waren Welten zwischen diesen Gesangsaufzeichnungen, wie man deutlich hören kann. Im Rahmen meines Gesangsunterrichts wurde ich zur klassischen Sopranistin ausgebildet.

Mit 13 Jahren bereits eine eigene CD zu haben, ist etwas Unglaubliches. Konzerte sind das eine, dort waren wir Entertainerinnen und für die meisten wohl ganz süß anzusehen. Aber mit der eigenen CD erobert man die Wohnzimmer der Fans. Sie hören unsere Musik, auch wenn wir nicht dabei sind. Von da an hatte unser Dasein als Musikerinnen eine neue Qualität bekommen. Auf dem Cover tragen wir beide Trachten – Alexandra ein Dirndl und ich eine Lederhose. Alexandra spannt ihr Akkordeon auf und ich schultere mein Alphorn. Wir stehen auf einer strahlend grünen Wiese und verschneite Gipfel sind im Hintergrund zu sehen. Wie bei Heidi und Peter – das perfekte CD-Cover.

Über 30 Jahre später scheint es mir zwar sehr inszeniert, doch wenn ich in unsere Gesichter schaue, dann sehe ich so viel ehrliche Freude, Neugierde und Leidenschaft fürs Musizieren, dass es mir jetzt noch gefällt. Im selben Jahr gingen wir auf Tournee in den neuen Bundesländern. In Cottbus hatten wir unseren ersten Fernsehauftritt in der ARD-

Sendung »Musikanten sind da«. Auch dadurch bekamen wir ungeahnte Bekanntheit. Man konnte uns plötzlich von überall aus kennenlernen. Mit Instagram und TikTok ist es heute so einfach wie Telefonieren, die Öffentlichkeit zu erreichen. Damals bedeutete ein Fernsehauftritt für ein junges Gesangsduo einen Quantensprung.

Nachdem ich dann 1993 meine Mittlere Reife erfolgreich abschließen konnte, wurde mein Hobby, das bereits seit Jahren mein Leben maßgeblich bestimmte, endlich zum Hauptberuf: Ich wurde Musikerin und verdiente damit mein Geld.

Das Leben könnte auch ganz anders sein

Mein Weg war mir irgendwie vorgegeben. Nur einmal ahnte ich, dass das Leben auch ganz anders aussehen könnte: bei einer Safari in Kenia. Dort wohnten wir in einer Lodge, in der das Essen streng rationiert wurde, weil Nahrungsmittel und Wasser sehr kostbar waren. Wenn man in seine Hütte wollte, musste man immer einem sogenannten »Boy« Bescheid geben, der einen mit seinem Schlagstock begleitete – da Trockenzeit herrschte und sich die einzige Wasserstelle im Camp befand, war die Gefahr groß, dass sich dort auch wilde Tiere aufhielten. Verständlicherweise waren meine Eltern und ich immer sehr angespannt, wenn wir uns abends auf dem Weg zu unserer Lodge befanden.

Unser Boy konnte nur gebrochen Englisch sprechen. Als ich ihn fragte: »Are there any crocodiles here?« hatte er mich gut verstanden und grinste mich nur an. Dann nahm er einen Stein und warf ihn etwa drei Meter von sich. Plötzlich hörten wir das laute Zischen eines Krokodils. Wir hatten dieses riesige Tier zuvor nicht bemerkt. Uns wurde bewusst, dass wir hier in den natürlichen Lebensraum von

Nashörnern, Elefanten und Krokodilen eingedrungen waren. Es war eine aufregende Nacht, in der wir uns nicht einmal ansatzweise trauten, auch nur eine Zehenspitze aus der Hütte zu strecken.

Man lebt häufig in einer Selbstverständlichkeit – auch als Profimusikerin. Aber alles, was uns geschenkt und vorenthalten wird, kann sich von jetzt auf gleich ändern. Damals hatte ich eine kindliche Ahnung, dass viele Zufälle unser Leben bestimmen. Ich bin dankbar, dass es der Zufall so gut mit mir gemeint hat.

Es gibt in jedem Leben diese schwierigen Phasen, vergleichbar mit gefährlichen Nächten, in denen man nicht genau weiß, was einen erwartet. Es sind die Krokodile, die unvorhersehbaren Herausforderungen, denen man sich stellen muss. Das gilt für jeden Menschen, unabhängig davon, ob er Musiker ist oder nicht. Ich glaube, wir sollten dem Leben mit einer gewissen Dankbarkeit und Demut begegnen. Die Fähigkeit, sich Gefahren zu stellen und die ungewissen Pfade zu erkunden, macht letztlich den Reichtum unseres Lebens aus. In diesem ständigen Prozess des Lernens liegt für mich – so denke ich heute – die wahre Essenz unseres Daseins. Mir wurden viele Pfade vorgegeben und ich bin sie gerne gegangen. Heute freue mich über alles Ungewisse, was mir begegnet. Denn ich weiß, die allermeisten Krokodile auf meinem Weg haben keine Zähne.

1995, zwei Jahre nach meinem Schulabschluss, machte ich schließlich meinen Führerschein. Als Mädchen vom Land und als Musikerin bedeutete das für mich nicht nur mehr Bequemlichkeit, sondern ein handfestes Stück Freiheit – mehr noch als der Schulabschluss. Ich war nicht mehr auf andere angewiesen und konnte auch mehr auf eigene Faust unternehmen. Mit 18 steht dir gefühlt die Welt offen.

Ich erinnere mich an zwei Pressetermine in Frankreich – einer fand direkt in Paris statt und der andere im französischen Disneyland. Abends wurden wir von unserem Gastgeber in eine total angesagte Bar eingeladen. Obwohl ich damals schon achtzehn war, trank ich keinen Tropfen Alkohol. Stattdessen bestellte ich eine heiße Milch mit Honig. Das tut meiner Stimme gut und ich liebe die Süße. Der Barkeeper schaute ziemlich verdutzt. Das war bestimmt die seltsamste Bestellung, die er jemals entgegengenommen hatte. Aber in der Achtzehnjährigen, die in der Szenebar in Paris Milch trinkt, spiegelt sich meine ganze Jugend. Halb Kind, halb Erwachsene, halb Star, halb Landmädchen. Die Leute liebten meine Identitäten, und zwar aus einem Grund: Du kannst dieses Leben so nicht erfinden. Das Leben erfindet dich!

Tauch ab und bleib immer kreativ

Die lange Geschichte eines Songtextes

Meine Liebe zum Wasser und zum Meer zieht sich wie ein roter Faden von meiner frühesten Kindheit bis ins Erwachsenenalter. Das Mädchen aus den Bergen liebt das flache Land und das Schwimmen. Das liegt wahrscheinlich daran, dass ich mich hier aus der Welt zurückziehe und ganz für mich bin. Das Wasser ist unergründlich, bedeutet Leben und Tod. Das hätte ich beinahe selbst erfahren. Aber es gab immer auch Situationen in meiner Karriere, in denen ich im wahrsten Sinne des Wortes untergetaucht bin.

Mein Vater war Architekt und Maurermeister. Er baute uns zu Hause zwei Schwimmbäder – eines drinnen und eines draußen. Ich weiß noch, dass ich als kleines Kind am liebsten draußen mit meinem Dreirad auf dem Rand des Swimmingpools fuhr, obwohl ich es nicht durfte, denn es war gefährlich. Das Becken war ziemlich genau zwei Meter tief, weshalb meine Mutter immer große Angst um mich hatte – war kein Wasser im Becken, hätte ich mich bei einem Sturz auch schwer verletzen können. War Wasser im Becken, hätte ich ertrinken können, weil ich zu dieser Zeit noch nicht schwimmen konnte. Besonders wenn es um die Ecke ging, rannte meine Mutter schnell los, um mir zu helfen, weil mein Dreirad zu breit und zu ungelenkig war für die Kurve. Damals begann meine Liebe für das Wasser. Heute habe ich einen Tauchschein, einen Surfschein und einen Katamaranschein.

Selbst als ich noch Nichtschwimmerin war, ging ich mutig ins tiefe Wasser. Denn eines konnte ich bereits: tauchen.

Hierbei fühlte ich mich geborgen und ganz bei mir selbst. Wir alle verbringen die ersten Monate auf dieser Welt in diesem Zustand und er ist so etwas wie eine erste Heimat für uns. Geschützt und unverletzbar – bis dir die Luft ausgeht und du auftauchen musst. Mir kommen diese Erinnerungen wie kleine Lehren vor. Wenn ich darüber nachdenke, gab es in meinem Leben immer wieder Momente absoluter Sicherheit und Geborgenheit.

Diese Momente waren kurz und ich musste im übertragenen Sinne auftauchen, nach Luft schnappen, wieder zu Atem finden. Bei der nächsten Gelegenheit tauchte ich gleich wieder ab. Manchmal war das meine Umkleide im Backstage-Bereich, während andere feierten. Manchmal war es mein Schlafzimmer. Manchmal waren es einfach nur meine Gedanken. Als Kind habe ich oft davon geträumt, unter Wasser atmen zu können. Aber es gehört wohl zum Erwachsenwerden, einzusehen, dass es in allen Bereichen des Lebens Naturgesetze gibt – nicht nur im Wasser.

Lebensretterin – ungewollt

Eines Tages habe ich mir den Urlaub auf den Malediven gegönnt, von dem ich schon immer geträumt hatte. Im Hotel lernte ich eine sehr sympathische Familie kennen, die mich dann zum Schnorcheln ans Meer begleitete. Da man beim Schnorcheln den Himmel über sich hat und den Blick auf den Meeresgrund richtet, bekommt man von der Welt da oben nur wenig mit.

Sonnenstrahlen durchdrangen noch das klare Wasser, als wir mit dem Schnorcheln starteten. Die bunten Korallenriffe leuchteten im warmen Licht, während farbenfrohe Fischschwärme an uns vorbeizogen. Die Unterwasserwelt schien ein Paradies zu sein, und wir waren Teil der Stille, die nur durch das Rauschen der Wellen durchbrochen wurde.

Doch plötzlich spürte ich eine Veränderung. Der Himmel über uns musste sich verdunkelt haben. Die Wolken verschluckten das Licht wie riesige Schatten. Ein Wind begann aufzukommen und die Stimmung unter Wasser wurde unruhig. Ein Gefühl der Bedrohung lag in der Luft, als ich den Kopf aus dem Wasser streckte.

Ich nahm das alles nicht bewusst wahr, es war alles Intuition. Als ich die dunklen Wolken über uns und den Schaum des aufgewühlten Wassers registrierte, schrie ich: »Wir müssen sofort raus!« Ich war mir der Gefahr und der Macht des Meeres bewusst und hatte großen Respekt vor dem starken Seegang und den hohen Wellen, unter denen es ja auch die sogenannten Monsterwellen gibt. Die kann man sich nur vorstellen, wenn man sie einmal gesehen hat. »Lasst uns an Land schwimmen – sofort«, rief ich meinen Begleiterinnen zu und musste eine aufkommende Panik unterdrücken. Eine starke Strömung drohte uns auf das Meer hinauszuziehen. Ich kannte diese einfache, aber überlebenswichtige Regel: Man muss nicht schnell schwimmen, um der Strömung zu entkommen, man muss einfach nur schneller sein als die Bewegung des Wassers.

Ich machte mich auf, Richtung Insel zu schwimmen. Am Strand angekommen, sah ich voller Schrecken, dass zwei der Familie noch immer an derselben Stelle auf dem Meer gegen die Strömung kämpften.

Meine Bekanntschaft aus dem Hotel war keine gute Schwimmerin, ebenso wie ihre sechsjährige Tochter, die sich in dieser gefährlichen Situation an den Rücken ihrer Mutter klammerte. Beide trugen keine Schwimmflossen. Der Rest der Familie war schon nicht mehr zu sehen und offenbar bereits im Hotel und im Trockenen. Selbst die Bademeister, die vom Club angestellt waren und von morgens bis abends auf die Gäste aufpassten sollten, hatten ihre Posten verlassen. Wir drei waren wohl die Einzigen, die sich noch nicht in den sicheren Club zurückgezogen hatten.

Ohne lange zu überlegen, stürzte ich mich erneut ins Meer Richtung Mutter und Kind. Mit gezielten und kräftigen Bewegungen schwamm ich zu meinen beiden Begleiterinnen. »Soll ich deine Tochter mitnehmen?«, fragte ich. Meine Bekannte konnte kaum mehr etwas sagen und nickte mir nur dankbar zu. Ich bemerkte die Gänsehaut, die sich über ihre Arme zog. Ich versuchte, sie zu beruhigen: »Wir schaffen das schon! Ich komme zurück und hole dich!«

Daraufhin zog ich die Sechsjährige auf meinen Rücken und fing an, mit regelmäßigen Zügen zu kraulen, denn diese Schwimmart konnte ich am besten. Allerdings waren mir die Beine des Mädchens im Weg. Dadurch konnte ich das Tempo nicht halten. Durch den Schnorchel bekam ich zu wenig Luft und begann zu hyperventilieren. Wir kamen einfach nicht vom Fleck!

Da ich ein alter Baywatch-Fan bin, hatte ich plötzlich Filmausschnitte vor Augen. In der TV-Serie werden Ertrinkende immer auf den Rücken gedreht und in dieser Position aus dem Wasser gezogen. Gegenüber dem kleinen Mädchen wollte ich natürlich nicht erwähnen, dass ich erschöpft war und nicht mehr konnte. Ich erklärte ihr, was ich vorhatte. Sie verstand schnell und ließ sich anstandslos von mir auf den Rücken drehen. Es funktionierte alles reibungslos und wir erreichten innerhalb von wenigen Minuten das Ufer.

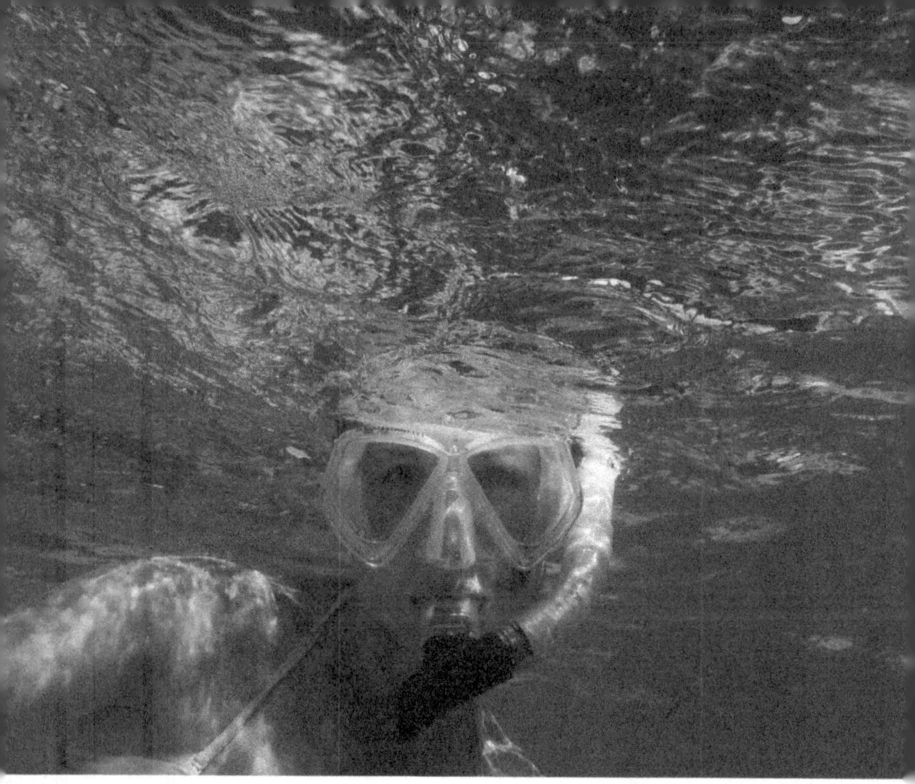

Ganz in meinem Element.

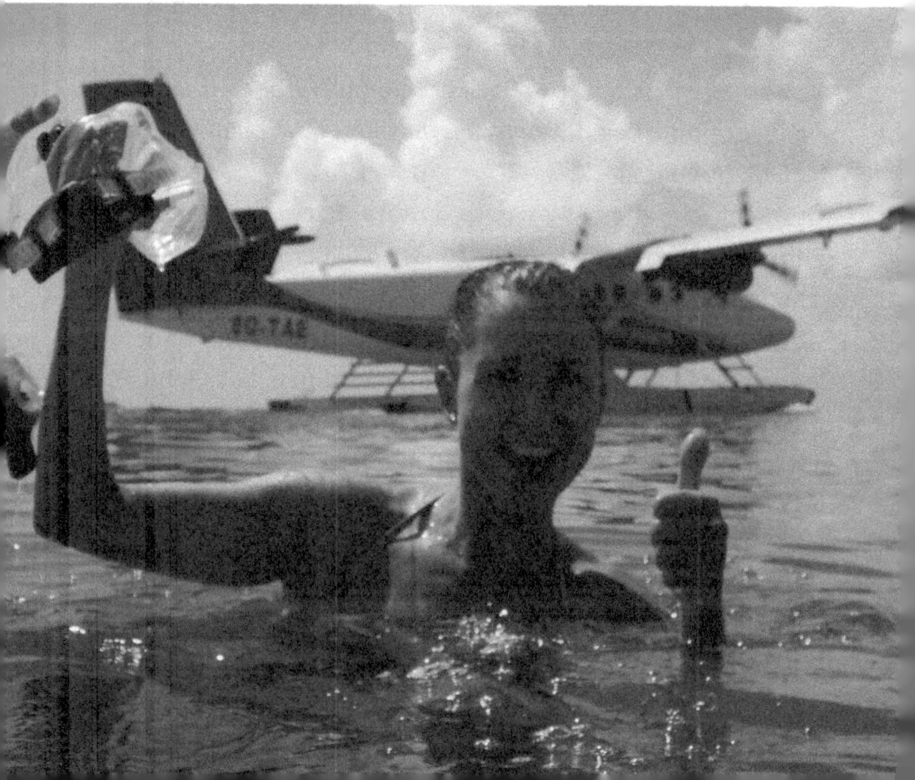

Während die Sechsjährige ihrem besorgten Vater entgegeneilte, der schon am Eingang auf sie wartete, stand ich keuchend am Ufer und war vollkommen am Ende. Aber ich musste noch einmal zurück, weil meine Bekannte immer noch im Wasser war und sich nicht vom Fleck rührte. Bei dieser starken Strömung war es unmöglich, ohne Flossen vorwärtszukommen. Da hätte sie noch so gut schwimmen können. Keine Chance. Zum Glück war ich zu dieser Zeit top durchtrainiert. Ich atmete einige Male tief durch, bis ich endlich in der Lage dazu war, wieder zurück ins Wasser zu können. Schnell war ich bei meiner Bekannten angelangt, der die Freude im Gesicht stand, mich zu sehen. »Halte durch«, sagte ich zu ihr. »Du hast es bald geschafft, ich hole dich hier raus!«

Ich drehte auch sie auf den Rücken und zog sie dann hinter mir her. Die Welt um mich herum hatte ich vergessen. Mit starken Schwimmbewegungen kamen wir zügig voran, bis wir endlich das sichere Ufer erreichten. Ich sagte zu meiner Bekannten: »Ich komme gleich nach.« Als sie losging setzte ich mich erschöpft in den Sand. Dabei merkte ich zuerst gar nicht, dass aufkommender Regen auf mich prasselte. Beim Blick auf die raue See wurde mir erst jetzt bewusst, wie gefährlich diese Aktion auch für mich gewesen war. Das alles gab mir zu denken. Nach diesem Erlebnis ließ ich mich bei der Bundeswehr zur Rettungsschwimmerin ausbilden.

In den schwersten Zeiten meines Lebens denke ich immer zurück an diesen Maledivenurlaub. Auch dort, wo es am schönsten ist, gibt es Gefahren. Und wenn du in Gefahr gerätst, dann behalte die Ruhe. Klare und gezielte Bewegungen bringen dich voran. Eines habe ich vor allem hierbei gelernt: Bleibe in jeder Sekunde deines Lebens kreativ. Und manchmal kann sogar eine TV-Serie die passende Inspiration liefern, wie in meinem Fall Baywatch.

Schwerelos

Unter Wasser habe ich mich immer als Gast gesehen. Ich habe die Meerestiere und die Unterwasserwelt bewundert, aber ich habe nie etwas angefasst. Bei einem meiner Tauchgänge mit Sauerstoffflasche ist mir dann der Text zu meinem Song »Schwerelos« eingefallen, der im Jahr 2009 auf unserer CD »Gestern, morgen und für immer« erschienen ist. Vielleicht wird die ein oder andere jetzt den Vers »Ich erwach' zum Leben« anders lesen. Ja, es geht um die andere Seite unseres Daseins. Unter Wasser sein, sich in der Schwerelosigkeit zu verlieren – oder in der Liebe zu einem Menschen.

Sicher gibt es erfolgreichere und bekanntere Liedtexte des Duos Anita und Alexandra Hofmann. Aber an diesem Text hängt so viel Erfahrung und Wirklichkeit wie kaum an einem anderen, der aus meiner Feder stammt.

Das Leben hat mich oft enttäuscht,
Wurd' belogen, statt geliebt.
Doch ich wusste tief in mir,
Dass es wahre Liebe gibt.
Und plötzlich sah ich dich vor mir,
Und es war um mich geschehn.
Mit dir ist einfach alles wunderschön.

Schwerelos,
Nur in deinen Armen
Lass ich mich fallen.
Ich brauch dich nah bei mir.

Ich will zu dir.
Schwerelos,
Ich erwach' zum Leben,
Wenn wir uns begegnen,
Bin ich dem Himmel nah.

Manchmal kommt es mir so vor,
Als wär' es nur ein Traum.
Dein Gesicht, wohin ich schau,
Erscheint vor mir im Raum.
Und bin ich einmal nicht bei dir
Und die Sehnsucht brennt in mir.
Ich weiß, ich bin ein Teil, ein Teil von dir.

Schwerelos,
Nur in deinen Armen
Lass ich mich fallen.
Ich brauch dich nah bei mir.
Ich will zu dir.
Schwerelos,
Ich erwach' zum Leben,
Wenn wir uns begegnen,
Bin ich dem Himmel nah.

Schwermut Backstage: Ich will echt sein!

Dem Schlager haftet oft der Ruf an, dass hier nichts echt sei und eine zu heile Welt im Vordergrund stehe. Ich kann jedenfalls für mich sagen: Als Sängerin war ich immer echt! Beim Texten nehme ich mir keine Geschichte vor, auch kein Vorbild. Ich erzähle von mir selbst, von meinen Erfahrungen, von meiner Haltung, von meiner Freude, aber auch von meinen Verletzungen. Gerade wenn die Melodie antreibt und nach vorne geht oder eine bessere Welt verheißt, dann schiebe ich hier Zeilen ein, die eine ganz andere Seite des Lebens zeigen. Meine Mission ist – und das spüre ich immer auf der Bühne – den Menschen etwas Gutes zu tun und sie zu erheitern, sie alles vergessen zu lassen. Dazu baue ich auch immer wieder kleine Botschaften in die Texte. Eines will ich dabei immer beibehalten: das Ehrliche und Echte! Das ist mir bei vielen Veranstaltungen gerade in den frühen Jahren der Karriere schwergefallen. Nicht auf der Bühne, sondern hinter der Bühne. Wenn zum Beispiel ein »Meet & Greet« geplant war, hatte ich immer das Gefühl, nicht ich selbst sein zu können. Unter den anderen Stars fühlte ich mich oft unwohl, weil ich mit der oberflächlichen Art einiger Menschen nicht immer klarkam. Heute weiß ich, dass es Orte und Zeiten gibt, an denen Smalltalk einfach dazugehört. Damals fühlte sich für mich alles so unecht an.

Da waren diese typischen Situationen: Ein Unbekannter kommt auf mich zu und fragt: »Wie geht's?« Ich setze zu einer Antwort an, bemerke aber schnell, dass es ihn überhaupt nicht interessiert, wie ich mich gerade fühle und was bei mir los ist. Er ist nur an der öffentlichen Person interessiert, nur an dem Teil von mir, der vom Scheinwerferlicht angeleuchtet wird. Er will mit Anita Hofmann, der einen vom Duo sprechen, aber an der echten Anita ist er gar nicht interessiert. Das raubte mir in frühen Jahren den Mut, auf andere zuzugehen. Spürte ich doch, dass es bedeutungslos war, was ich eigentlich dachte, wie ich mich fühlte und was ich sagte.

Ich werde nie vergessen, als meine Schwester und ich einmal bei der Verleihung des Medienpreises »Goldene Henne« zu Gast waren. Dort hatte ich nicht den Mut, jemanden anzusprechen. Irgendwie gab es dort niemanden, der echt war. Mir kam die Welt vor wie aus Plastik. Ich ertappte mich, wie ich durch die Gänge des Empfangs ging und die Gäste und Stars beobachtete. Man sieht, wer jeden Tag einen Anzug trägt oder nur für so einen Anlass. Wer Star spielt oder Star ist. Dieser Abend gab mir Antworten. Die Showbranche – mehr Schein als Sein. Inzwischen komme ich in dieser Welt gut zurecht, weil ich gelernt habe, die Branche so zu nehmen, wie sie ist – mit allem Positiven und Negativen. Letztlich lebe ich nicht darin. Ich tauche nur immer wieder hinein in diese Welt und steige auch wieder heraus, um dann im wirklichen Leben zu sein.

Durch dieses neue Bewusstsein machen mir inzwischen die »Meet & Greets« mit den Fans und auch andere Empfänge Spaß. Ich genieße die Gespräche. Es kommt sogar hier und da vor, dass sich aus einer oberflächlichen Unterhaltung ein tiefgründigerer Austausch entwickelt. Und nicht selten lernt man hierbei auch tolle und wertvolle Menschen kennen. Durch so ein neues Bewusstsein strahlt man auch was anderes aus und zieht dadurch ganz andere Menschen an. Das habe ich auf jeden Fall so erlebt und erlebe es heute immer noch so.

Auch in den sozialen Medien will ich so echt wie möglich erscheinen. Mir ist es wichtig, dass ich es bin, die mit den Fans und Followern kommuniziert und nicht irgendeine gesichtslose Agentur. In den sozialen Medien spielt sich inzwischen auch für mich ein Teil meines beruflichen Alltags ab. Hier kann ich nicht nur meine Fans und Follower erreichen, sondern genaugenommen die gesamte Öffentlichkeit. Und dass diese Öffentlichkeit mich hier auch beobachtet, ist mir nicht nur einmal durch Reaktionen der Presse, von Kollegen und von weiteren Mitgliedern der Show-Branche bewusst geworden. Ich bin stets gespannt auf die Reaktionen, wenn ich auf meinem Facebook- oder Instagram-Account Bilder oder Videos von Auftritten, aus dem Backstage-Bereich poste beziehungsweise auch mal etwas Privates mitteile. Schön, dass wir alle auf diesem Weg eng miteinander verbunden sein können.

Wie kann ich frei sein?

Von Tanzen, Rausch und Berührungen mit Alibi

Bereits in der 5. Klasse meldete ich mich als Einzige in meinem Alter zu einem Tanzkurs an. Schnell lernte ich Discofox und Walzer und fand Anschluss. Tanzen ist für mich so wichtig wie die Musik selbst. Es ist pure Emotion. Ohne Tanzen wäre ich manchmal untergegangen. Vieles habe ich beim Tanzen nachgeholt, eigentlich meine ganze Jugend: leidenschaftliche Begegnungen, die Nervenkitzel eines Teenies, durchgemachte Nächte und flüchtige Berührungen, die mir guttaten.

Meine Schwester und ich wurden im Jahr 2003 zu Ehrenbürgerinnen unserer Heimatstadt Meßkirch ernannt. Hier wohnen wir seit unserer Kindheit. Meßkirch ist eine oberschwäbische Kleinstadt im Landkreis Sigmaringen und liegt zwischen Donau und Bodensee. Hier kennt eigentlich jeder jeden. Bei uns gab es damals für Teenager nur wenige Möglichkeiten, neben der Schule aktiv zu sein. Man konnte zum Beispiel ein Instrument erlernen und in der örtlichen Stadtkapelle mitmusizieren. Wenn man Fußball spielen wollte, ging man zum SV Meßkirch 1921-04. Entschied man sich für Tennis, war man beim Tennisclub Meßkirch an der richtigen Stelle. Für die Stadtkapelle war ich seinerzeit noch zu klein, bald darauf zu beschäftigt.

Aber es gab noch eine weitere Leidenschaft, die ich sehr früh entdeckte: Ich hätte gerne Tanz- und Ballettunterricht genommen. Damals war es aber gar nicht so einfach, ein passendes Angebot zu finden. Außerdem war da noch mein Engagement als Teil des Gesangsduos, das sehr viel Zeit in Anspruch nahm.

Ich liebte den Tanz und träumte davon, Teil eines großen Ensembles zu sein. Mein Interesse für das Tanzen wurde durch das Deutsche Fernsehballett geweckt, das damals regelmäßig in den TV-Shows wie »Ein Kessel Buntes« oder »Musik liegt in der Luft« zu sehen war. Mich beeindruckte die Professionalität der Tänzerinnen und Tänzer, die exakte Abstimmung ihrer Bewegungen und die damit einhergehende Leichtigkeit. Wie war es nur möglich, so tanzen zu können? Wie konnten sie mit ihren Bewegungen ganze Geschichten erzählen und so viel Seele in ihren Körperausdruck legen?

Was für Jugendliche heute nur schwer vorstellbar ist: Es war eine Zeit ohne Internet und Handy. Man konnte sich also nicht so einfach irgendwelche Videotutorials ansehen oder bestimmte Lieder anhören. Man bezog sein Wissen lediglich aus der Zeitung, dem Radio oder dem Fernsehen. Zum Glück besaßen meine Eltern einen Videorecorder, mit dem ich regelmäßig Auftritte des Deutschen Fernsehballetts aufzeichnen konnte, um sie wieder und immer wieder anzuschauen. Die Choreografien kannte ich im Laufe der Zeit auswendig, bis ich mich irgendwann, als meine Eltern nicht zu Hause waren, traute, gewisse Bewegungen nachzumachen. Meine ersten Versuche waren sehr unbeholfen und es muss ziemlich komisch ausgesehen haben, aber ich wollte unbedingt besser werden und blieb dran. Bis dahin hatte ich nicht einmal ansatzweise geahnt, wie schwierig es ist, das Gleichgewicht zu halten. Mir fehlte es an der kleinsten Übung. Der Weg zu Eleganz und einer umfassenden Körperkontrolle war noch weit.

Immer wieder sah ich mir die Fernsehaufnahmen in Zeitlupe an, damit ich alle Bewegungen der Tänzer genau mitverfolgen und imitieren konnte. Dann kam ich auf die Idee, einen Spiegel gegenüber dem Fernsehgerät zu stellen.

Die Videoaufnahmen betrachtete ich im Spiegel, um so nicht seitenverkehrt denken zu müssen. Auf diese Weise versuchte ich, noch präziser die Bewegungen nachzumachen. Gut war etwas anderes, aber ich war nicht untalentiert. Ich trainierte regelmäßig und hart. Jede Übungseinheit lohnt sich und keine Bewegung war umsonst. Trotzdem bedauere ich, dass ich damals keinen professionellen Unterricht nehmen konnte.

Boogie-Woogie

Ich war immer dankbar für jede Begegnung mit guten Tänzern. Und das bin ich noch heute. In einer Fernsehsendung war eine Tanzgruppe zu Gast, die Unglaubliches auf der Bühne vollbrachte. Ihre Darbietung war wie ein Wirbelwind aus Rhythmus und Melodie. Sie ergriff spürbar das Publikum und zog jeden in den Strudel der Begeisterung. Als die Musik begann, wurde die Luft irgendwie mit einer elektrisierenden Spannung geladen, die die Vorfreude auf das Kommende förmlich greifbar machte. Dann kamen die Tänzer. Sie bewegten sich synchron, als ob sie eine unsichtbare Verbindung zwischen ihren Seelen hätten. Ihre Füße wirbelten über das Parkett. Die Leichtigkeit, mit der sich die Tänzer bewegten, erweckte den Eindruck, als würden sie abheben. Sie schienen die Schwerkraft zu überwinden. Die Leidenschaft, mit der sie sich der Musik hingaben, machte mich sprachlos.

Die Zuschauer waren gefesselt, in eine Welt des puren Tanzrausches entführt. Es war ein Spektakel, das funkelnde Augen hinterließ. Vor allem bei mir, die ich hinter der Bühne durch den Vorhang schaute. Als die Boogie-Woogie-Tanztruppe die Bühne verließ und die Zuschauer beseelt waren, stieß ich mit einem der Tänzer zusammen. Ich landete geradezu in seinem Arm. Er sah mir offensichtlich an, wie sehr mich die Show begeistert hatte und fragte mich direkt: »Hat es dir gefallen?« Ich entgegnete: »Ihr wart großartig, ihr habt so toll getanzt!« Er lächelte mich an und sagte: »Ich zeige es dir!« Kurz darauf brachte er mir den Grundschritt bei und nahm mich für ein paar Minuten mit in die Parallelwelt des Tanzes. Ich spürte zum ersten Mal, dass man nicht nur mit den Beinen tanzt. Es ist eine ganz spezielle, intime Sprache zwischen den Händen. Ich kam in dieser Zeit auch in den Genuss zu spüren, wie sehr tanzen verbindet. So schnell, wie unsere Begegnung angefangen hatte, hörte sie auch auf. Er verabschiedete sich lachend.

Als ich ihm hinterherschaute, sagte eine Kollegin neben mir: »Weißt du, wer das war?« Ich schüttelte den Kopf. Sie entgegnete: »Das ist der amtierende Weltmeister im Boogie-Woogie.« Ich war fassungslos, bekam plötzlich weiche Knie und schwebte gefühlt auf Wolke 7.

Gemeinsam mit Peter Kraus.

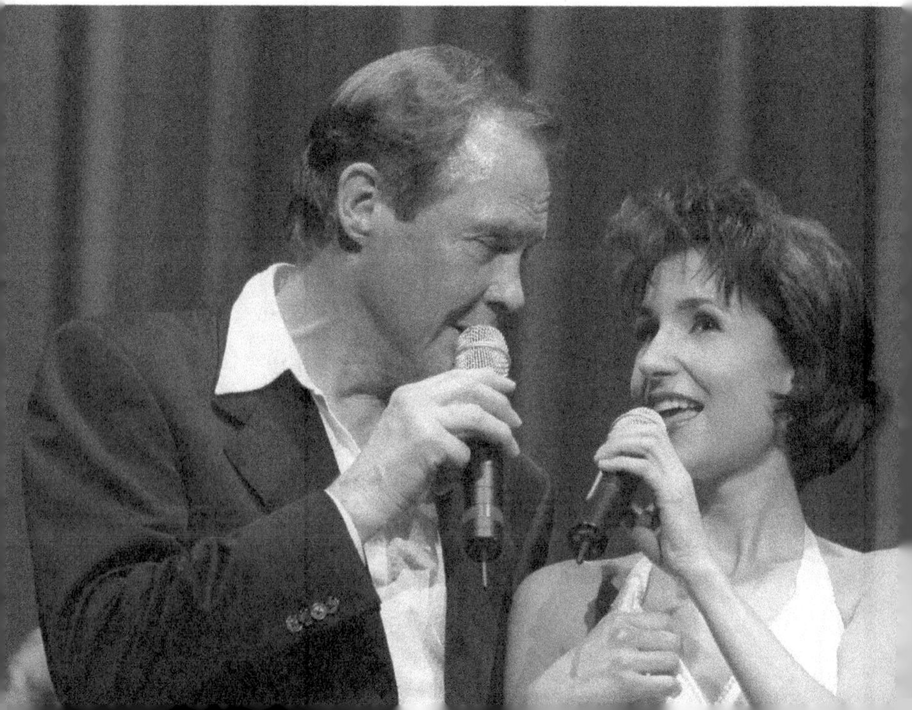

Was ich mir damals nie hätte träumen lassen, dass ich Jahre später mit Weltstar Peter Kraus auf der Bühne Boogie-Woogie tanzen durfte und das eine ganze Tournee lang. Ich schwebte wieder auf Wolke 7. Tanzen ist mein Leben und meine Leidenschaft.

Tanzen ist Träumen mit den Beinen

Im Gegensatz zu vielen anderen Wünschen, die ich irgendwann beerdigen musste, erfüllte sich beim Tanzen nach Jahren ein weiterer langersehnter Wunsch: Ich durfte gemeinsam mit dem Deutschen Fernsehballett auftreten. Mehr noch: Ich habe dort Freunde gefunden, wo ich zuvor nur Bewunderin war.

Eines Tages lernte ich das Ensemble hinter der Bühne kennen, als wir in den 90er-Jahren auf Tournee waren mit Carmen Nebel. Ich denke, dass ich im ersten Augenblick für die Tänzerinnen und Tänzer uninteressant war. Eben nur eine Sängerin und nicht weiter ernst zu nehmen. Aber dann stellten sie fest, dass ich hinter der Fassade ein Mensch bin, mit dem man reden und Spaß haben kann. Nach den Auftritten gingen wir gemeinsam in die Stadt zum Tanzen. Wir suchten uns eine Bar, die wir dann zum echten Tanzlokal umfunktionierten. Wir tanzten und tanzten bis zum Morgengrauen, durch die ganze Bar, auf den Knien und auf den Tischen. Wir machten Hebefiguren und zogen schnell alle Blicke auf uns. Das war eine geniale Truppe. Sie gab mir das Gefühl, dass ich dazugehörte – und so lebte ich damals meinen Traum und verspätet lebte ich gewissermaßen auch meine Jugend aus.

Ich schwebte durch die Nächte. Ich schaltete meinen Kopf auf Standby und steuerte meine Bewegungen nur noch mit dem Herzen. Ich fühlte mich unendlich leicht. Es war wie ein Rausch. Nach solchen langen Abenden kam ich für gewöhnlich erst dann zurück, wenn meine Schwester aufstand. Tagsüber war ich dann fix und fertig, meisterte meine Auftritte aber immer routiniert und dadurch professionell. Gleichzeitig fieberte ich auf die nächste Nacht hin, die ich mit den Tänzerinnen und Tänzern in den Bars und Kneipen verbrachte.

Mein Glück war perfekt und wurde noch perfekter: Ich verliebte mich in einen der Tänzer des Deutschen Fernsehballetts und er sich in mich. Diese Wochen und Monate waren wunderschön und irgendwie auch wild. Mir kommt es selbst noch wie ein Tanz vor. Ein Tanz, der am Schluss insgesamt drei Jahre hielt. Durch diese Beziehung konnte ich das Deutsche Fernsehballett oft beim Training erleben. Dort in ihrem Berliner Ballettsaal wärmten sich alle Ensemblemitglieder anfangs immer ganz klassisch an der Ballettstange auf, stets begleitet von einem Klavier. Das Gefühl, in einem Ballettsaal zu stehen, war einfach großartig. Diese Atmosphäre zwischen Ballsaal und Turnhalle, zwischen kunstvoller Eleganz und sportlicher Höchstform ist einmalig. Ein Klavierspieler spielte klassische Musik, während sich das Ballett aufwärmte. Die zwei Solisten – die damaligen Stars des Ensembles – machten zwischendurch viel Blödsinn.

Zu dieser Zeit war die ungarische Profitänzerin Emöke Pöstenyi die Choreografin schlechthin und für das Deutsche Fernsehballett im Einsatz. Sie kreierte komplett neue Choreografien und Bewegungen, wie es sie vorher nicht gab. Sie schuf unvergessliche Tänze, die regelrecht in die Tanzgeschichte eingingen. Zudem war sie selbst ein Star. Ihre Ausstrahlung und Aura verliehen ihr etwas ganz Besonderes. Man hatte größte Ehrfurcht vor ihr.

Bei allem, was Emöke Pöstenyi tat, legte sie stets großen Wert auf äußerste Präzision. Das machte die Auftritte des Deutschen Fernsehballetts stets zu etwas ganz Besonderem. Heutzutage gibt es solche Kreationen leider nicht mehr. Die Kassen sind leer, das Interesse des Publikums mäßig, also verwendet man lediglich alte Choreografien und setzt sie neu zusammen.

Eine geniale Erfahrung:
Alexandra und ich mit dem Deutschen Fernsehballett.

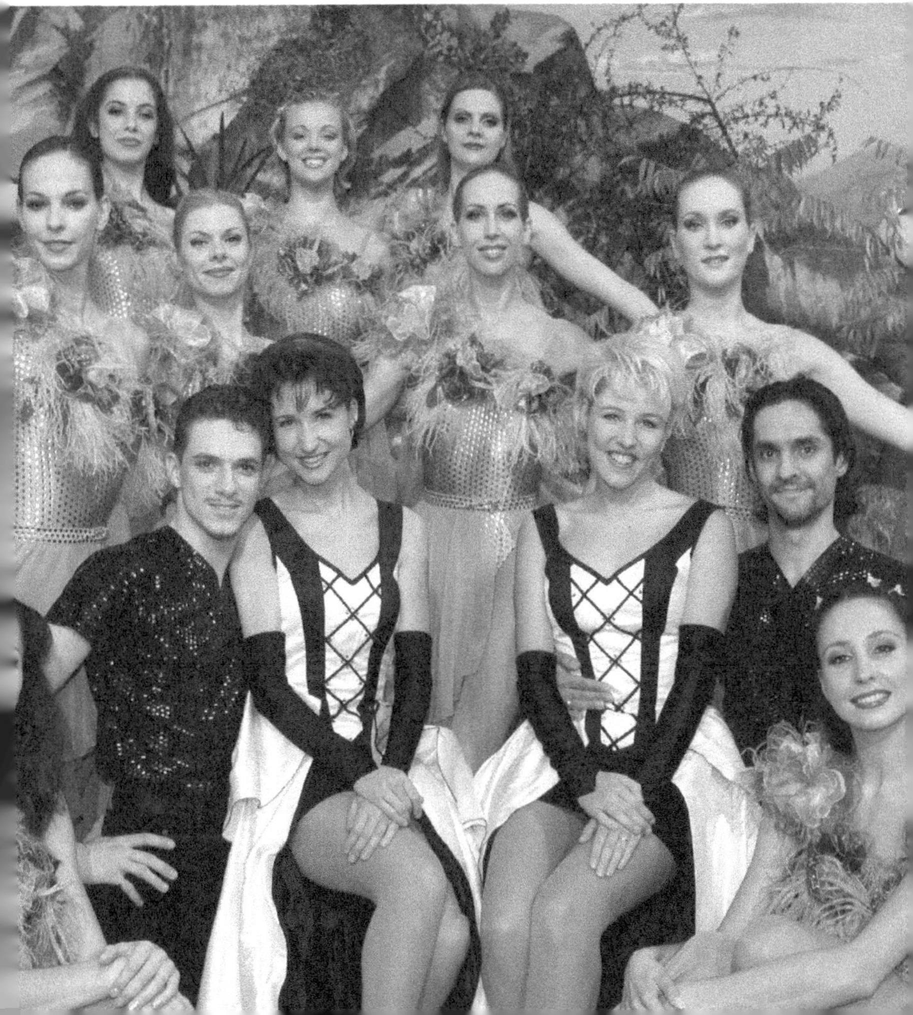

Eine große Ehre wurde mir zuteil, als ich einige Zeit später dem Deutschen Fernsehballett in Berlin gemeinsam mit dem erfolgreichen Tanzchoreografen Jürgen Schlegel aus dem oberschwäbischen Ravensburg dessen Choreografie beibringen durfte. Getanzt wurde zum Soundtrack des Films »Dirty Dancing« und zum Song »Sway« in der Version von Dean Martin. Ich als Anfängerin brachte dem Deutschen Fernsehballett schließlich sogar meine eigenen Choreografien bei! Das kostete mich Überwindung und viel Mut, aber das Ensemble und ich, wir waren Freunde. Das machte es mir leichter, mich vorne hinzustellen und meine Ideen zu präsentieren. Ich kann nach diesen durchgetanzten und durchgeschwitzten, sehr emotionalen Nächten nur sagen: Tanzen ist Träumen mit den Beinen. Wahnsinn.

Tanzen ist Berührung mit Alibi

Ich hatte im Tanzen einen Weg gefunden, um endlich frei und unbeschwert sein zu können. Und ich wollte, dass dieser gelebte Traum niemals aufhörte. Das Schicksal meinte es auch hier wieder gut mit mir. Bei einem Spaziergang entdeckte ich an einem Haus einen Zettel, auf dem stand: Boogie-Woogie-Kurs in Mengen, einem Nachbarort von Meßkirch. Ich rief dort an und fragte nach, ob auch ein Einzelkurs belegbar wäre. Nachdem das möglich war, kam der erste Tanztermin.

Mein Tanzlehrer wurde für einige Jahre zu meinem allerbesten Freund. Erstaunlicherweise konnte er sich viel besser als die meisten Tänzer bewegen, die ich kannte, obwohl er nicht die typische Tänzerfigur hatte. Dafür besaß er eine Eigenschaft, der ich nie wieder begegnet bin. Dieser Tanzlehrer konnte mich nur mit einem Finger führen. Es war pures Vertrauen und wir waren auf einer Wellenlänge. Das Tanzen mit meinem befreundeten Tanzlehrer und meine weiteren Tanzfreunde waren meine neue Kraftquelle. Vor allem in meiner schweren Phase der Neurodermitis, die mich immer noch plagte.

Meine Haut war wieder schlimmer geworden und ich fühlte mich darin sehr unwohl. Sie war eitrig und entstellte mich. Zum Glück war meine Krankheit nicht ansteckend, sah nur furchtbar aus und tat höllisch weh. Am liebsten hätte ich mich versteckt. Um trotzdem irgendwie am geselligen Leben teilnehmen zu können, kam mir eine Idee. Ich konnte Clubs aufsuchen, in denen das Licht gedimmt war, in der das fahle Licht alle Menschen schön und ihre Bewegungen geschmeidig wirken ließ. Beim Tanzen holte ich mir das, was mir gerade so sehr fehlte: Nähe und Berührung. Aber wer sollte mit mir zusammen sein wollen, wenn ich es denn selbst nicht gerne tat?

Für mich war das Tanzen bald ein Alibi dafür, Menschen zu berühren, berührt zu werden, zu umarmen und umarmt zu werden. Ich kam raus und war doch geborgen im Schutz der Dunkelheit. Dazu gab es immer großartige Musik, bei der ich mich fallenlassen konnte. Und meine Boogie-Freunde sahen nicht meine Krankheit, sondern mich.

Ich trank keinen Tropfen Alkohol. Trotzdem hatte ich meinen ersten Rausch. Warum war dieser Tanzrausch besser als zwei Flaschen Sekt? Ich kann mich an jeden Augenblick erinnern, als ob es gestern gewesen wäre! Es war an der Fastnacht. Ich trug ein Marilyn Monroe-Kleid in A-Linie. An meinen Hüften saß es eng und weitete sich bis zu den Knien, so dass es bei jedem Schritt meine Beine umspielte. Draußen schneite es und ich hatte blöderweise meinen Hausschlüssel vergessen. Als ich also in einen Club ging, wusste ich, dass ich die ganze Nacht Zeit hatte. Erst am kommenden Morgen würde ich nach Hause gehen. Und so feierten wir, als ob es keinen Morgen gab. Wir tanzten die ganze Nacht. Der Kleidersaum flog bei jeder Drehung durch die Luft. Mein Gehirn verabschiedete sich. Ich hörte die Musik nicht mehr, ich fühlte sie nur noch. Die Lichter flackerten um mich herum. Es war eine Art Ekstase. Jeder Takt, jeder Tanzschritt und jede Berührung taten mir gut. Ich fühlte mich wieder ganz als Mensch, vergas dabei meine Krankheit und meine Probleme.

Ich tanzte sie einfach weg, genau wie meine Schüchternheit, wie meine Angst, nicht ich selbst sein zu können. Ich bin geradezu süchtig nach Tanzen geworden. In der Folgezeit lernte ich Boogie, Discofox, Standard, Latein und Bauchtanz. Kein Tanz war vor mir sicher. Und bald schon wollten auch die besten Tänzer mit mir auf die Tanzfläche.

Tanzen, bis es wehtut

Einmal musste ich eine bittere Erfahrung machen. Ich lernte einen jungen Mann aus der Discofox-Szene kennen, mit dem ich mich vom ersten Schritt an sehr gut verstand, der Spaß hatte, mit mir zu tanzen. Wir waren schnell ein Tanz- und schließlich auch ein Liebespaar. Regelmäßig fuhren wir nach Donaueschingen, etwa eine Fahrstunde entfernt von Meßkirch. Den ersten Tanz schenkte er dort für gewöhnlich mir. Nach einer Viertelstunde hatte ich ausgedient und er wandte sich den Mädchen zu, die tänzerisch mehr draufhatten als ich. Dazu gehörte damals leider auch seine Exfreundin.

Ich bin kein eifersüchtiger Mensch, aber die Botschaft, die er mir unmissverständlich schickte, tat mir weh: »Du bist nicht gut genug!«

Regelmäßig versteckte ich mich dann auf der Toilette, damit niemand sehen konnte, wie sehr ich weinte. Es tat so weh, weil mir das Gefühl gegeben wurde, dass ich nicht in Ordnung war. Man kann mich einen sensiblen Menschen nennen, aber was bedeutet Tanzen? Für mich geht es nicht um die Leistung, auch wenn es gut aussehen soll. Für mich war Tanzen vor allem Spaß, den ich sehr gerne mit meinem Partner geteilt hätte.

Das Aus unserer Beziehung sprach dann auch für sich. Ihm war die Fahrt nach Meßkirch zu anstrengend – 35 Kilometer waren es von Meßkirch bis zu seinem Wohnort. Vielleicht steckte auch etwas anderes dahinter. Ich erzähle die Geschichte nur, weil ich am Tanzen merkte, dass dieser Mann es nicht aufrichtig mit mir meinte.

Schließlich kam der Tag, an dem das oft zitierte Karma zurückschlagen sollte. So begegnete ich nach einigen Jahren meinem Exfreund wieder. Bei einer großen Tanzveranstaltung – ganz nach dem Motto »Let's dance« sollte ich als Überraschungsgast bei einer Showeinlage zur Musik von »Dirty Dancing« auftreten und tanzen. Ich muss dazu sagen, dass ich in der Zwischenzeit weiter hart an meiner Tanzperformance gearbeitet hatte. Unzählige Trainingseinheiten lagen hinter mir.

Mit großen Augen stand mein Exfreund am Bühnenrand und konnte nicht fassen, welche tänzerischen Fortschritte ich gemacht hatte. Alle guten Tänzer wollten danach mit mir tanzen. Meine Perfomance war fast wie ein »tanzender Stinkefinger«, den ich ihm vorführte. Dieser »Dirty Dance« im wahrsten Sinne des Wortes entschädigte mich für viele

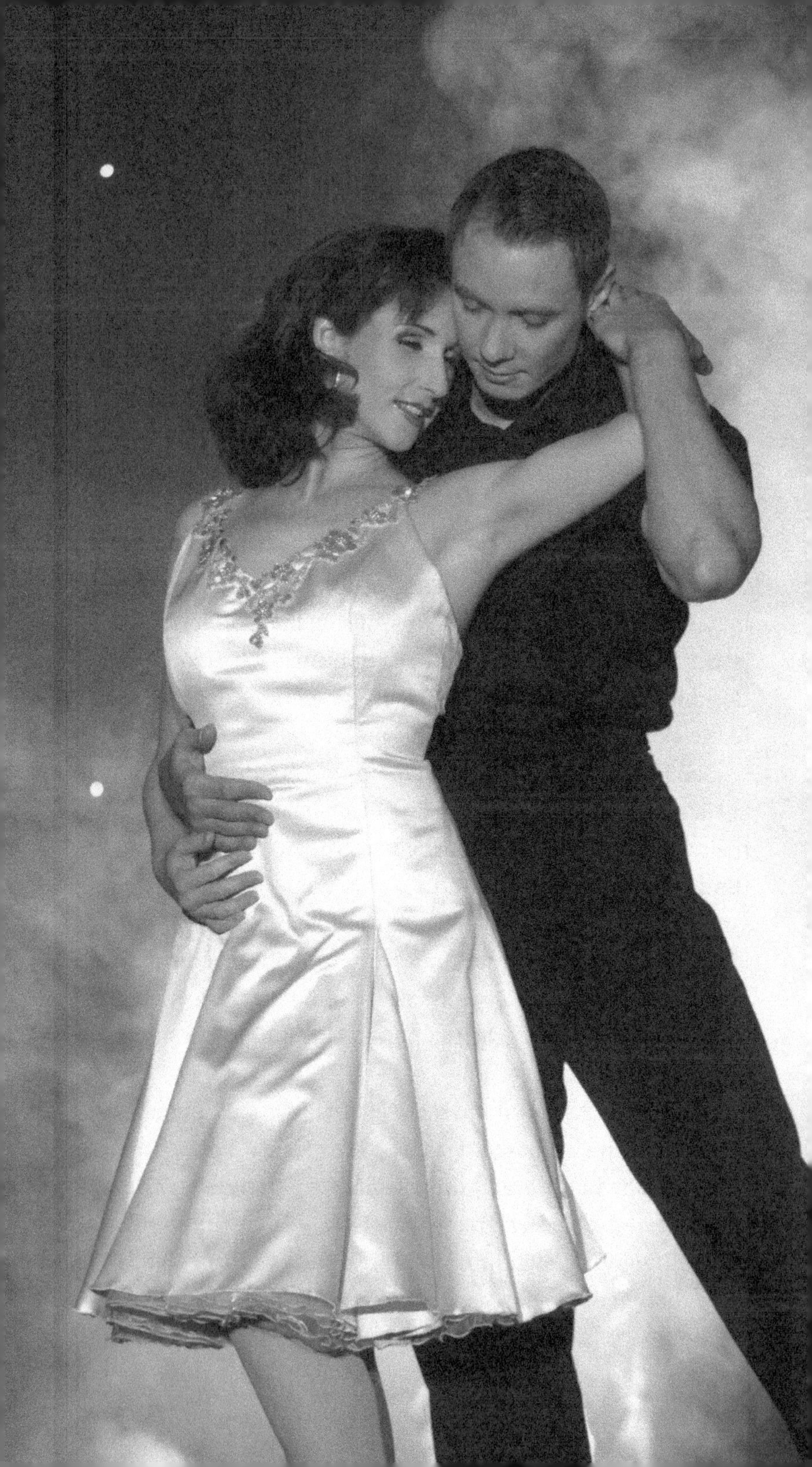

Tränen, die ich wegen ihm vergossen hatte. Es war Balsam für meine Seele und vorteilhaft für mein Selbstbewusstsein und das Selbstvertrauen, das ja oft gelitten hat.

Tanzen ist für mich existenziell geworden. Ich habe im Tanz so viel Trost und eben auch Selbstvertrauen gefunden, dass es mir heilig ist, genau wie die Gründe dafür: Ich will mich leicht und schwungvoll bewegen. Ich brauche Tanz für meine Bühnenshows, bei denen es auch perfekt sein soll. Außerdem macht Tanzen auch im Privaten Spaß. Dann muss es in meinen Augen wiederum nicht perfekt sein.

Ich freue mich, dass ich heute auf der Bühne immer wieder Tanz mit einbauen kann. Wann immer ich will. Denn auch das ist ein Teil der echten Anita: die tanzende Anita.

Tanzen ist Träumen mit den Beinen – aber manchmal ist das Erwachen bitter

Tanzen befreit und hält Menschen jeden Alters fit. Einmal hatte ich ein Erlebnis, durch das mir bewusst wurde, dass in einer unbeschwerten Traumwelt von Tanz und Show schnell die Realität durchbrechen kann und es ernst wird.

Die Generalprobe einer TV-Musiksendung stand bevor. Ich hatte bereits mein Kostüm angezogen und war startklar, als mir im Studio auf dem Flur ein älteres Paar begegnete. Die beiden mussten so um die 70 sein und hielten sich liebevoll an der Hand, was mich sehr berührte. Sie wirkten glücklich und strahlten zugleich eine tiefe Gelassenheit aus.

Obwohl sie mir sehr auffielen, bemühte ich mich, die beiden nicht anzustarren.

Ich betrat daraufhin das Fernsehstudio und war bereit für die geplante Generalprobe. Dazu setzte ich mich an meinen zugewiesenen Tisch. Ehe ich mich versah, nahm auch genau dieses ältere Paar am Nebentisch Platz. Beide wirkten auf mich sehr sympathisch.

Die Generalprobe begann. Darin wurde vom Moderator dann auch das Weltmeisterpaar der Senioren im Boogie-Woogie angekündigt. Eben genau dieses ältere Paar. Nun fiel es mir wie Schuppen von den Augen: Ich kannte die beiden! Und zwar aus YouTube-Videos, die in kürzester Zeit viral gingen. Das waren Tanzvideos der beiden.

Das Tanzpaar betrat die Bühne und legte los. Es war unfassbar. Mit offenem Mund saß ich da und konnte kaum glauben, was ich sah: Die beiden wirbelten durch die Gegend. Sie trug Pumps und ein weitschwingendes Kleid. Es folgten sämtliche Tanzeinlagen und überhaupt alles, was der Boogie-Woogie zu bieten hat. Alle Bewegungen waren perfekt. Gerne wäre ich aufgestanden und hätte mitgemacht. Der Auftritt endete mit einem riesigen Beifall. Ich hätte den beiden noch ewig zuschauen können, aber die Proben mussten weitergehen.

Das Tanzpaar setzte sich wieder und ich konnte es mir nicht verkneifen, immer wieder einen Blick auf diesen Mann und diese Frau zu werfen. Beide ruhten in sich selbst und wirkten so zufrieden, wie ich es selten erlebt hatte.

Plötzlich fiel mir aber auf, dass der Mann auf seinem Stuhl leicht zu schwanken begann. Das war seltsam, hatte er doch eben noch die absolute Kontrolle über seinen Körper bewiesen. Rückblickend kann ich gar nicht sagen, was mich dann innerhalb einer Sekunde dazu bewogen hatte, schnell aufzuspringen und zu ihm zu hechten. Ich glaube, es war eine Handlung, die aus reinem Instinkt erfolgte. So schnell kann ein Gehirn gar nicht erfassen, was eigentlich vor sich geht.

Ich warf mich vor seinem Stuhl auf den Boden. Da sackte er auch schon in sich zusammen und fiel auf mich drauf –

Gott sei Dank konnte mein Körper seinen Sturz abfedern. Ich hörte, wie er mit einem gurgelnden Geräusch die Luft einsog und dann vollkommen still wurde.

Voller Panik schrie ich: »Hilfe, er atmet nicht mehr! Wir brauchen schnell einen Notarzt!«

Gleich eilten einige Mitarbeiter des Fernsehsenders herbei, darunter zwei ehrenamtliche Rettungssanitäter. Zusätzlich waren auch zwei Rot-Kreuz-Helfer im Studio und sofort zur Stelle. Gemeinsam hoben sie den Mann von meinen Beinen und versorgten ihn hoch professionell.

Ich selbst kümmerte mich danach um seine Ehefrau, die sich vor Schock kaum regen konnte und entsetzt dem Treiben zusah. Als ich ihr die Hand auf die Schulter legte, erschien sie wie aus einer Trance aufzuwachen und froh zu sein, dass ihr jemand zur Seite stand. Es ist schwer, in solch einer Situation die richtigen Worte zu finden. Muss man auch gar nicht. Ein Arm, ein Händedruck sagen viel mehr. Ich sprach ihr Mut zu. Wir machten Atemübungen, um den Stresspegel zu senken. Und wir beteten gemeinsam. Zwischenzeitlich befanden sich fünf Rettungshelfer im Raum. Ansonsten nur noch das Ehepaar und ich. Alle anderen hatten das TV-Studio bereits verlassen. Das haben wir in dieser Notsituation gar nicht realisiert. Ich wollte einfach nur irgendwie helfen und für die Frau da sein. Sie sagte mir später, dass sie gespürt hat, wie groß und aufrichtig meine Anteilnahme war.

»Solange die Rettungssanitäter nicht aufhören, stehen die Zeichen gut«, sagte ich zu ihr. Ich sollte recht behalten. Nach 20 Minuten des Bangens, die sich wie Stunden anfühlten, hatte es der Mann geschafft. Er war wieder bei Bewusstsein. Auch seine Frau kehrte aus ihrer Schockstarre zurück. Man merkte, wie uns allen ein riesiger Stein vom Herzen fiel.

Ich selbst hatte noch einige Zeit daran zu knabbern und musste noch wochenlang an dieses Ereignis zurückdenken. Auch heute läuft mir noch ein Schauer über den Rücken, wenn ich mich an alles zurückerinnere. Es ist so: Freud und Leid liegen oft erschreckend nah beieinander.

Mein Leben ist ein Tanz und der Boogie-Woogie lässt mich nicht mehr los. Erst falle ich dem Weltmeister des Boogie-Woogie in die Arme, dann sackt der Senior-Champion vor meinen Augen zusammen. Dieser Tanz ist so temporeich und lebensfroh. Er hat viel mit meinem Leben zu tun, denn irgendwie fällt bei alldem auch immer alles auf die Kunst der Improvisation zurück.

Etappenschläferin

Mein Leben auf vier Rädern

Das Leben auf Tour bedeutet ständiges Unterwegssein. Auch wenn ich dadurch auf vieles verzichten muss: Ich liebe es. Wenn du als professionelle Sängerin auf Tour gehst, brauchst du drei Dinge: Du musst im Auto schlafen können, du musst im Auto schlafen können und du musst fit sein, obwohl du im Auto geschlafen hast. Ich habe das perfektioniert und kann wie eine Katze in den unmöglichsten Positionen und an den unmöglichsten Orten schlafen. Und zwar auf Kommando.

Wie bei allem im Leben kommt auch auf Tournee eine wohltuende Routine mit ins Spiel. Nach über drei Jahrzehnten auf der Bühne läuft bei mir eine Show immer sehr routiniert ab. Ein Konzert beginnt oft mit dem Einstieg ins Auto. Ich musste von klein auf lernen, die langen Fahrten und Wartezeiten vor und nach den Konzerten effektiv für mich zu nutzen. Als Kind spielte ich mit Puppen. Später übte ich hierbei meine Instrumente. Heute erledige ich in diesen Zeitfenstern die nötigen Büroarbeiten, feile an Choreografien oder schreibe Texte.

Viele meiner Songtexte sind im Auto entstanden. Es ist meditativ, wenn die Landschaft vorbeizieht, und man lässt alles hinter sich: alles Gewohnte, alles Bekannte und auch den Abwasch, also auch die einfachen, manchmal lästigen Dinge des Alltags. Hier bin ich frei, um aufzunehmen, was ich sehe und was mir so im Kopf herumgeht. Während langer Autofahrten beantworte ich auch Berge an Fanpost. Viele Fans schütten mir in Briefen ihr Herz aus. Bis heute habe ich jedes Schreiben selbst beantwortet. Mir ist der enge Kontakt zu meinen Fans seit jeher sehr wichtig. Ihnen habe ich viel zu verdanken. Auch für sie schreibe ich meine Songs und performe auf der Bühne.

Die Geschichten, die ich von meinen Fans in den Briefen zu lesen bekomme, sind häufig sehr emotional und so besonders, dass sie hin und wieder sogar in meine Songtexte einfließen. Inzwischen können wir dank Social Media auch über Facebook, Instagram und TikTok leichter als früher miteinander ins Gespräch kommen. Trotzdem gibt es sie noch vielfach – die handgeschriebenen Briefe, die mich täglich erreichen und während langen Autofahrten schön gestapelt auf meinem Schoß liegen, hier Blatt für Blatt beantwortet werden.

Schlafen wie ein Vogel

Alle, die mit mir im Auto fahren, wundern sich oft, denn ich bin eine Etappenschläferin. Ich bin wie ein Vogel, der auf Kommando schlafen kann und dann auf Kommando wieder wach wird – das habe ich mir antrainiert und sehe es als große Stärke.

Ich sagte es hier ja bereits: Schlafen ist eine Fähigkeit, die ich gut beherrsche. Wenn ich weiß, dass ich eine lange Nachtfahrt vor mir habe, nütze ich die langen Wartezeiten hinter der Bühne nicht nur fürs Arbeiten, sondern auch für die nötigen Ruhephasen, um nachts besser und bei Bedarf auch länger durchzuhalten. Hierbei muss man flexibel sein, denn Backstage wartet kein bequemes Bett. Ich lege mich meist irgendwo in eine Ecke, in der es relativ ruhig ist. Das kann in der Garderobe sein, auf drei Stühlen oder vor einen Heizkörper mit einer Decke auf dem Boden, die im Auto immer griffbereit mitfährt. Hin und wieder wähle ich auch eine Dusche in der Garderobe, um es mir hier gemütlich zu machen. Blöd nur, wenn die Dusche einen Bewegungsmelder hat und plötzlich nässt. Echt wahr: Ich habe in dieser langen Zeit alles schon erlebt. In mehr als 35 Jahren wird man in diesem Job extrem flexibel. Und verwöhnt wird man auch nicht gerade durch die unterschiedlichen örtlichen Gegebenheiten.

Auf Luxus lege ich keinen Wert. Ich bin für den Notfall ausgerüstet und habe immer eine Thermoskanne, einige Wärmflaschen und einen Wasserkocher im Gepäck mit dabei. Mehr brauche ich eigentlich nicht. So halte ich es für gewöhnlich auch in einer kalten Garderobe aus, in der ich mich auf den blanken Boden lege. Ich weiß, das ist nicht gerade »star-like«. Wer mich aber näher kennt, weiß, dass ich nicht so der typische Star bin, wie man ihn in mir erwartet.

»Weckt mich bitte rechtzeitig, bevor es losgeht«, bitte ich schon mein ganzes Leben meine Begleiter. Die sind das von mir längst gewohnt und verhalten sich stets routiniert, dass sie mich nicht stören und mich auch getrost schlafen lassen.

Es war und ist nicht selten, dass ich auch erst eine Minute vor meinem Auftritt durch lautes Rufen geweckt werde. Ich stehe dann sofort auf den Beinen und bin parat. Es gibt hier bei mir kaum Aufwach- oder Dämmerphasen. Ich stelle quasi einfach das Licht an und die Show mit Anita kann losgehen.

Unser Gesangsduo und auch ich selbst haben seit jeher große Auftritte auf die Bühne gebracht – mit Kostümen, raschen Kostümwechseln und verschiedenen Requisiten. Den Zuschauern wurde und wird einiges geboten. Sobald die Show dann vorbei ist, die Fans am Autogrammstand alle ihre Autogramme erhalten haben, geht es für mich immer direkt zum Abschminken in die Garderobe. Dann wechsele ich die Kleidung vom Bühnenoutfit ins Legere und verabschiede mich vom Starsein. Anschließend geht es ins Auto und nach Hause oder ins Hotel. Ich lebe und liebe diesen Wechsel vom Star zur Privatperson und zurück. Genauso liebe ich es, elegant und schick mit wallender Haarpracht über den roten Teppich zu gehen oder zu einem anderen Zeitpunkt dann mit zusammengebundenen Haaren in Arbeitskluft und mit Spitzhacke im Garten aktiv zu sein. Genau diese zwei Seiten machen mich auch aus. Diese Kombination aus Glitzerwelt und gelebter Bodenständigkeit. Ich bezeichne mich deshalb oft auch schelmisch als »Teilzeit-Diva«.

Wenn das Fahrzeug, mit dem ich unterwegs war, genug Platz bot, dann bastelte ich oft im hinteren Teil des Wagens ein Bett aus Decken, Jacken und Kissen. Oder ich habe mich einfach in den Fußraum zwischen den Sitzen gelegt, neben die Beine der Mitfahrer. Ich habe nie viel Platz gebraucht und konnte mich ohne Probleme zusammenfalten. So mache ich es auch jetzt, wenn es nicht anders geht – anstrengend, aber auch irgendwie schön und spannend. Mein neues Fahrzeug bietet mir allerdings mit sehr komfortablen Sitzen, die sogar bis in die Waagrechte heruntergelassen werden können, eine viel angenehmere Alternative auf den zahlreichen Reisen durch Deutschland, Österreich und durch die Schweiz. Man wird ja auch nicht jünger.

Warum ich nur kurz mit G.G. Anderson verheiratet war

Einmal befanden wir uns auf einer Tournee, die trotz aller Freude für die Musik und allem Erfolg doch schwer an unseren Kräften zehrte. Umso wichtiger war es, unser Bergfest gebührend zu feiern, als wir es endlich erreichten. Leider gab es dabei ein Problem: Die Bar unseres Hotels war damals geschlossen und wir mussten uns eine andere Lokalität suchen. Was in der Großstadt einfach ist, stellt auf dem Land eine gewisse Herausforderung dar.

»Ich kenne ein kleines Pub, das nur einen Kilometer von hier entfernt ist«, schlug mein Kollege G.G. Anderson vor, der mit dabei war.

Der Vorschlag hörte sich prima an! Aber aus unserer Gruppe kamen schon die ersten Klagen: »Wir sollen einen Kilometer zu Fuß gehen? Mitten in der Nacht? Das kommt gar nicht infrage!« Ratlos schauten G.G. und ich uns an. Was sollten wir jetzt tun? Wenn wir nicht laufen wollten, mussten wir fahren. Und in unserer Gruppe gab es genau eine, die keinen Alkohol trank: Anita!

»Also gut«, lenkte ich ein, »ich werde fahren, dann könnt ihr was trinken.«

Während sich die anderen noch ihre Jacken aus ihren Hotelzimmern holten, wartete ich bereits im Auto. Doch was war das? Ich traute meinen Augen kaum, als schließlich deutlich mehr als drei weitere Personen zu mir ins Auto steigen wollten.

»Wir sind zu siebt. Glaubst du, dass wir alle reinpassen?«, wurde ich gefragt. Auf einer Tournee ist man sowieso immer im Ausnahmezustand. Deshalb entgegnete ich gelassen: »Ach, es geht schon irgendwie. Hinein mit euch!«

Gefühlt wurde so jede Ritze meines Autos mit etwas Menschlichem vollgestopft. G.G. Anderson saß vorne neben mir auf dem Beifahrersitz – wir beide hatten es demnach am bequemsten. Die anderen im Fond saßen ziemlich zusammengequetscht. Ich muss zugeben, dass wir alle diese Situation richtig witzig fanden. Schon als ich den Motor startete und losfuhr, waren wir am Kichern.

»Hoffentlich sieht uns keiner!«, sagte ich und dachte dabei an meinen Führerschein und daran, dass ich ohne ihn völlig aufgeschmissen wäre. Aber was sollte schon passieren? Es war ja dunkel und mitten in der Nacht. Auf dem Land ist um diese Uhrzeit kein Mensch mehr unterwegs! Und es war ja auch nur ein Kilometer Fahrtweg. Wird schon funktionieren.

Doch leider trat das ein, was ich nicht für möglich gehalten hatte auf so einem kurzen Weg. Wir kamen genau 500 Meter weit, als aus der Finsternis ein verdächtiges, damals noch grünweißes Auto auftauchte und uns überholte. Dazu leuchtete auf dem Fahrzeugdach die Anzeige in roter Schrift: »Bitte folgen.« Betretenes Schweigen kehrte in meinem Auto ein, als ich wie aufgefordert an den Straßenrand fuhr, an dem das Polizeiauto bereits wartete. Wir sahen, wie sich dort die Fahrzeugtüren öffneten und zwei Polizisten ausstiegen »Leute, jetzt duckt euch mal und keinen Mucks bitte. Ich regle das schon«, sagte G.G. Anderson voller Selbstbewusstsein. »Und du lässt jetzt mich mal machen«, forderte er mich noch auf.

Nach wenigen Sekunden standen die Polizisten genau neben meiner Autotür. Ich kurbelte die Scheibe herunter und wollte etwas erwidern, als G.G. mir sofort ins Wort fiel: »Wir kommen gerade von einem Konzert,« meinte er direkt. »Sie sind doch G.G. Anderson«, fragte einer der Polizisten, der ihn augenscheinlich sofort erkannte. G.G. nickte. »Und das ist ihre Frau?«, fragte der andere Uniformierte und warf mir einen flüchtigen Blick zu. Mein Sängerkollege reagierte prompt und lies den Polizisten in seinem Glauben, redete sich dann fast um Kopf und Kragen, um davon abzulenken, dass sich hinten im Auto noch mehr Menschen befanden. Und das alles, ohne dabei rot zu werden.

Beide Polizisten lauschten seinen Erzählungen und machten dabei große Augen. Dann trat ein glückseliges Lächeln auf ihr Gesicht. Kaum vorstellbar, aber beide outeten sich als große Fans von G.G. Anderson. »Wir lieben ihre Musik«, gab einer der beiden zu. Mein Sängerkollege kramte nach Autogrammkarten, stieg aus dem Auto, kam zu den Polizisten ums Auto gelaufen und signierte dort seelenruhig für alle, die von den Polizisten genannt wurden. Also für Oma, Tante und noch weitere Menschen aus dem Verwandten- und Freundeskreis.

Was taten meine Kollegen im Fond? Ich beobachtete im Rückspiegel, wie sie die hintere Autotür öffneten, die von den Polizisten abgewandt war, und leise aus dem Wagen krochen. Die Polizisten, die so auf G.G. Anderson fixiert waren, bemerkten nichts. Sie waren beseelt und glücklich, ihr Idol getroffen zu haben, lauschten seinen Worten und beobachteten sehr interessiert, wie G.G. seine Autogrammkarten beschrieb. Kurze Zeit später gingen die beiden Uniformierten zurück zu ihrem Auto. In den Händen hielten sie die persönlichen Autogrammkarten. Dann stiegen sie ein und fuhren los.

G.G. saß in der Zwischenzeit wieder neben mir im Auto. Wir sahen uns an und prusteten los vor Lachen. Die anderen Kollegen waren mittlerweile schon bis zum Pub vorgelaufen, wo wir uns dann alle trafen. Alles gut gegangen. Sicherlich auch dank G.G. Anderson. Ach ja, zurück zum Hotel wollten meine Fahrgäste aus dem Fond dann doch sicherheitshalber lieber laufen. Aber das war mir egal, denn dank dieser kurze Fahrt habe ich nun eine herrliche Erinnerung an einen kurzen Auftritt als Ehefrau von G. G. Anderson. Was für ein genialer Abend mit einem genialen, einfallsreichen Kollegen. Danke dafür, G.G. Anderson!

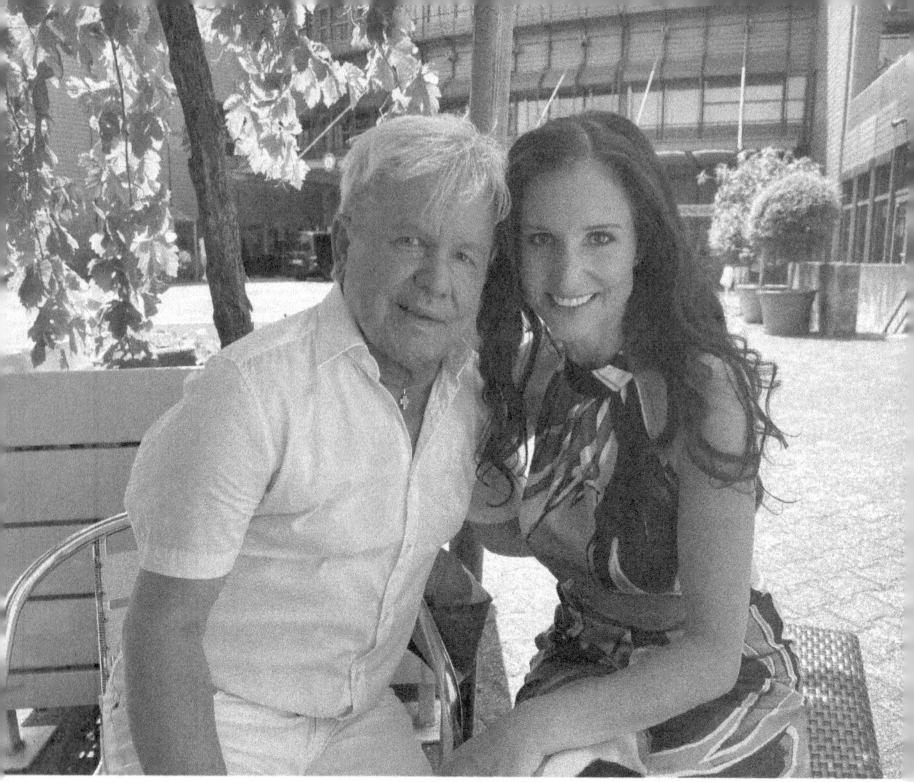

Ein toller Kollege und Mensch: G.G. Anderson.

Fremder Passagier an Bord

Und noch so ein Erlebnis während einer Autofahrt mit großem Lacheffekt. Es war kurz vor einem Soundcheck für ein Konzert in Landau (Rheinland-Pfalz), als mich meine beste Freundin Steffi anrief und mir mitteilte: »Du, ich bin schon da, die Bahn war ausnahmsweise pünktlich. Ich warte an der Straße beim Bahnhof auf euch.« Steffi war mit dem Zug nach Landau nachgereist und wir fuhren mit dem Auto zu ihr, um sie bis zur Veranstaltungshalle mitzunehmen. Natürlich freute ich mich, sie wiederzusehen. Ich vergewisserte ihr, dass mein Mann und ich gleich da sein würden, um sie abzuholen. Am Bahnhofsgebäude angelangt, entdeckte ich sie sofort am Straßenrand. Aber sie stand da nicht allein. »Wer ist denn das neben ihr? «, fragte ich Christian, der, während er den Verkehr beobachtete, genauso irritiert war wie ich. Auch er hatte bereits festgestellt, dass Steffi sich eifrig mit einem uns unbekannten Mann unterhielt. Der stand direkt neben ihr. Beide vermittelten uns den deutlichen Eindruck, dass sie sich kennen würden.

Das traf mich in diesem Moment schon echt heftig, weil ich bisher davon ausgegangen war, dass es zwischen uns keine Geheimnisse gab und dass sie mir sicher davon erzählen würde, wenn sie einen neuen Partner oder Bekannten hätte. Wir telefonieren jeden Tag mehrere Male. Aber von einem neuen Mann in ihrem Leben hatte sie nichts erzählt! Wir hielten am Straßenrand. Steffi ging mit dem Unbekannten wie selbstverständlich zum Kofferraum. Beide luden dann ihre Gepäckstücke ein und setzten sich anschließend auf die Rückbank unseres Autos.

»Es ist schön, euch zu sehen«, begrüßte Steffi uns. Der Unbekannte sagte nur: »Hallo, ich bin der Thomas!« und wandte sich dann gleich wieder Steffi zu. Beide hielten ihre Rucksäcke auf dem Schoß und lachten über etwas, was wir nicht verstanden. Mein Mann starrte vor sich hin und schwieg. Ich merkte, dass er genauso irritiert war, wie ich. Als wir an der Stadthalle angekommen waren, in der ich am Abend auftreten sollte, stiegen mein Mann und ich blitzschnell aus, damit wir einen Moment alleine miteinander hinter dem Auto sprechen konnten. Ging ja zuvor während der Fahrt nicht. Steffi und Thomas saßen noch im Auto und lachten lautstark.

»Hast du eine Ahnung, wer das ist?«, fragte mich mein Mann mit gedämpfter Stimme.

»Das würde mich auch interessieren, denn ich habe keine Ahnung«, entgegnete ich. Ich war zu diesem Zeitpunkt nicht nur enttäuscht, sondern auch etwas sauer auf Steffi.

Ich öffnete die Hintertür des Autos und sagte zu ihr: »Hast du mal eine Minute für mich?« Verwundert blickte sie mich an und stieg aus. Wir gingen ein paar Meter, bis ich schließlich mit der Sprache herausrückte: »Warum hast du mir nichts davon gesagt, dass du noch jemanden mitbringst? Wieso verschweigst du mir, dass du jemanden kennengelernt hast? Oder ist das ein alter Freund von dir, den ich noch nicht kenne? Was soll die Geheimniskrämerei?«

Steffi bliebt abrupt stehen und starrte mich erstaunt an: »Du, Anita, ich kenne diesen Typen doch gar nicht. Ich dachte, ihr kennt ihn, weil er einfach eingestiegen ist.«

Die Geschichte wurde immer seltsamer! Steffi und ich erzählten sofort Christian davon. Der wandte sich dann an den Fremden: »Entschuldigung, dass ich frage, aber wer sind Sie eigentlich?«

Daraufhin schaute uns der Mann ganz verwundert an und verstand die Welt ebenso wenig wie wir. Gleich danach fragte er. »Ist das nicht das BlaBlaCar?« Er meinte also die private Mitfahrgelegenheit.

»Äh, nein ...«, entgegneten Christian, Steffi und ich nahezu einvernehmlich.

»Oh ...«, sagte Thomas. »Oh, dann bin ich ins falsche Auto gestiegen. Ich muss schnell zurück zum Bahnhof. Hoffentlich ist meine Mitfahrgelegenheit noch nicht weg.« Er drehte sich um und entfernte sich mit seinem Gepäck rasant schnell weg von uns.

Steffi, mein Mann und ich waren sichtlich darum bemüht, solange er uns noch hören konnte, die Fassung zu wahren und nicht in lautes Gelächter auszubrechen. Dann brach es aus uns heraus. Dieses Erlebnis war an jenem Abend auch Backstage das große Gesprächsthema. Und alle lachten ähnlich laut, wie wir, obwohl sie es nur von uns erzählt bekamen. Sowas konnte auch nur uns passieren!

S.O.S. – Bitte rette mich!

Wie ich gelernt habe, zu lieben. Mich selbst und andere!

Ich hatte schon früh klare Vorstellungen über mein Leben. Das bestand aus Musik, der Bühne, meiner Familie – und irgendwann wird da ein Mensch auftauchen, den ich bedingungslos und für immer lieben werde. Aber es kam lange Zeit anders. Ich war quasi in einem Teufelskreis gefangen, in dem viele von uns in der Show-Branche stecken. Denn unsere Bekanntheit und Popularität lockt auch Menschen an, die es nicht ehrlich mit uns meinen. Menschen, die unser wahres Ich nicht interessiert, die nicht selten einen eigenen egoistischen Zweck verfolgen: durch uns selbst bekannt oder irgendwie besonders zu werden. Leider bin auch ich immer wieder auf solche Menschen hereingefallen, auch in der Liebe. Enttäuschungen gab es zahlreiche. Trotzdem gab ich die Hoffnung nie auf. Oder besser gesagt: Gott sei Dank war das so. Denn es sollte sehr lange dauern, bis ich endlich einen festen Partner finden würde, bei dem ich mich sicher und zuhause fühlen könnte.

Ich bin durch mein Leben getrieben, ohne wirklich zu wissen, auf welchem Fluss, in welchem Boot oder mit welchem Ziel. Wie ich es in diesem Buch schon einige Male betonte, habe ich das immer und stets als Fremdbestimmung empfunden, aber es war von meinen Mitmenschen nie böse gemeint. Im Gegenteil: Mir wurde einfach immer alles abgenommen und das hat mich rückwirkend betrachtet klein gehalten. Auch wenn das Leben in dieser Art und Weise bequem ist und gewisse Anstrengung erspart, hatte ich doch immer wieder eigene Vorstellungen und Ideen, wie auch ich auf der Bühne wirken bzw. sein wollte. Es waren sowohl musikalische als auch choreografische Ideen, die ich entwickelte und natürlich auch umsetzen wollte. Stets gleichberechtigt im Gesangs-Duo. Doch wie ja bereits im ersten Kapitel dieses Buches beschrieben wurde, fand Alexandra über all die Jahre mit mir an ihrer Seite den passenden Hebel nicht, um mir den dafür nötigen Raum zu geben. Das gab sie selbst in einer TV-Doku über uns unumwunden zu.

Ich habe mich immer wieder gegen diese Entwicklung gestemmt. Meiner Ansicht nach gibt es auch in einem Duo genügend Platz für alle Ideen, egal von wem sie stammen. Und genau dafür habe ich immer gekämpft. Streng betrachtet hat es von meiner Seite gar nicht viel Raum benötigt. Es war schon deprimierend, als Künstlerin mit viel Kreativität im Blut mindestens genauso viele Inspirationen zu haben, die ich dann sogar weitestgehend ausgearbeitet hatte, die dann aber doch wie ein kleines Pflänzchen zerdrückt wurden. So fühlte es sich für mich immer wieder an. Und das war leider nicht nur einmal so. Lichtblicke waren eher selten.

So konnte ich mit sehr viel Einsatz und Überzeugungsarbeit für unser Duo bei der Plattenfirma, bei der wir damals unter Vertrag waren, unsere erste Fanbox durchsetzen. In so einer Fanbox gibt es neben dem aktuellen Album und einer Autogrammkarte auch Fanartikel und persönliche Sachen, die man sonst nirgends kaufen kann. Ein Highlight für alle Fans, die solche Fanboxen natürlich im großen Stil haben wollten. So kamen wir damals als Gesangs-Duo dank dieser sehr gut angenommenen Fanboxen zum ersten Mal unter die Top 30 der Verkaufs-Charts. Seither gibt es in dieser Plattenfirma auch für andere Künstler, die dort unter Vertrag sind, solche Fanboxen. Dass ich eben dort der Initiator dieser Idee sein würde, hätte ich mir nicht erträumen lassen. Dieser kleine Erfolg machte mich doch irgendwie stolz.

Ich weiß nicht, ob sich jemand vorstellen kann, wie es sich sonst anfühlt, gegen Windmühlen zu kämpfen. Intern war es schwer, aber auch in der Show-Branche gibt es viele Player, die gewisse Hebel nicht finden oder finden wollen, um genügend Spielraum für Ideen und künstlerische Entfaltung zu geben. Nicht selten fühlte ich den Drang zu rufen: »S.O.S., bitte rette mich!« Aber wer sollte mich retten? Der sichere Hafen des Gesangs-Duos gab mir Sicherheit. Ich selbst konnte und wollte mich nicht selbst aus dieser sicheren, aber doch deprimierenden Lage befreien. Es brauchte letztlich einen nötigen Schubs, um hier aufzuwachen und aktiv zu werden. Dieser Schubs sollte aber nicht von mir ausgehen, wie ich bereits im ersten Kapitel dieses Buches beschrieben habe. Ein Schubs, der anfangs wehtat, doch mir nun guttut.

Ich konnte dadurch endlich erfahren, dass ich auch allein schwimmen und auf hoher See bestehen kann, um hier die bildliche Darstellung mit dem sicheren Hafen nochmals weiterzuspinnen. Eine sehr wichtige Erfahrung, die ich allen gerne mitgebe, die sich vielleicht in ähnlicher beruflicher oder privater Situation befinden, in der sich das blöde Gefühl breitmacht, einen Schuh in den – pardon – Arsch bekommen zu haben. In so einer Situation war ich gefühlt die letzten Jahre. Und da hat mir mein Ehemann beigestanden und mir passenderweise ein Buch geschenkt mit dem Titel »Wenn dir das Leben in den Arsch tritt, nutze den Schwung.«

Ich sage euch, das Leben gibt uns immer wieder Herausforderungen, denen man sich stellen sollte. Ist es auch noch so mühsam oder wirkt es gar aussichtslos.

Natürlich ist in den vielen erfolgreichen Jahren im Gesangs-Duo in mir der unbezwingbare Wunsch gewachsen, innerhalb des Duos eigene Spuren zu hinterlassen, darin gehört zu werden und im Team nicht nur Alexandras, sondern auch meine Visionen zum Leben zu erwecken. Ich sehnte mich danach, auch meine eigene Geschichte zu schreiben und meinen eigenen Tanz zu tanzen – frei von den Fesseln fremdbestimmter Gewohnheiten. Ich wollte meine Identität ausleben und Selbstbewusstsein aus eigenen Projekten schöpfen. Aber wie? Ich selbst hatte nicht die Durchsetzungskraft, hier etwas zu verändern und zu bewegen. War ich zu schwach? Gab ich einfach zu schnell auf, wenn es darum ging, mich durchzusetzen oder waren andere einfach stärker und überzeugender in ihrem Tun und Auftreten?

Jetzt ist es auch nicht mehr nötig, weiter darüber nachzudenken. Wieder mal wurden die Weichen für mich gestellt und ich fahre nun diese Strecke – allein und mit voller Kraft. Heute traue ich mir zu, vieles selbst zu tun. Schließlich kann ich auf über 35 Jahre Berufserfahrung zurückgreifen. Das kann mir keiner nehmen! Und die Reaktionen in der Familie, bei Freunden, bei Fans, in der Show-Branche sowie in der gesamten Öffentlichkeit sind positiv. Man nimmt mich wahr als selbstständige Künstlerin, die all das kann, was man als Sängerin und Entertainerin auf den Bühnen mitbringen sollte – immer hochprofessionell! Das ist mein Anspruch.

Ich gehe meinen künstlerischen Weg und habe mir vorgenommen, mich nie mehr für Sachen zu entschuldigen, die doch funktionieren. Und ich bin davon überzeugt, dass es gut ist, wie es ist.

Für mehr Persönlichkeit und Tiefe

Als junge Künstlerin habe ich eines oft vermisst: Wertschätzung für das Können und Wirken. Einmal erlernte ich eine grandiose Choreografie für »She's like the Wind«, den bekannten Song von Patrick Swayze aus dem Film »Dirty Dancing«. Diese Choreografie wurde nur einmal aufgeführt im Rahmen einer großen Gala und dann nie wieder. Das wurde so beschlossen, obwohl ich viel Herzblut in all das steckte. Es waren Entscheidungen, die ich nicht immer verstehen konnte. Im eigenen Team, aber auch bei Plattenfirmen, Agenturen und Managern. Das eigene Ding machen und einfach mal loszulegen, das war damals nicht so ohne weiteres möglich.

Aber mir war klar, ich musste mich nicht nur besser verkaufen, sondern auch den zweiten Schritt tun: abliefern. Einfach machen! Aber einfach ist nicht immer einfach. Vor allem, wenn man Songs singen soll, die aus der Sicht von Alexandra und von mir einfach nicht gut waren. Was tun in so einem Fall? Retten, was zu retten ist. So begann ich, Liedtexte umzuschreiben, bis ein Song dann doch brauchbar wurde.

Dadurch erschloss ich mir letztlich einen neuen beruflichen Bereich, um den sich sonst oft andere kümmerten. Zum Texten kam ich also eigentlich mehr durch Zufall. Bis ich schließlich richtig Spaß daran gefunden hatte. Mir ging es vor allem um das Herzstück unserer Musik: Ich wollte mehr eigene Songtexte schreiben, mehr Persönlichkeit und Seele in die Musik tragen, dir wir und ich singen. Schreiben ist für mich immer schon wichtig gewesen. Jedes Wort sollte Ausdruck meiner Emotionen werden. Durch die eigenen Gefühle, Erlebnisse und Botschaften, die sehr oft in meinen Texten stecken, lebe ich noch mehr und authentischer in diesen Songs. Es entsteht eine noch engere Verbindung zum Publikum, zu den Zuhörern und Zuschauern sowie zu meinen Fans, wenn sie sich irgendwie auch in meinen Geschichten wiederfinden. Verbindung durch ähnliche Erlebnisse oder Sehnsüchte. Denn jeder hat irgendwann und irgendwie ähnliche Erfahrungen im Leben gemacht wie ich.

Immer wenn ich neue Liedtexte verfasse, fühlt es sich an, als würde ich meine Geschichten nochmals erleben. Das ist Emotion pur. Da fließen auch mal Tränen oder ich beginne, beim Schreiben zu schmunzeln. Manchmal stelle ich mir auch die Menschen vor, für die ich schreibe, also die Menschen, die das fertige Lied dann irgendwann einmal hören werden. Vielleicht ist das Schreiben zu einem Spiegel meiner eigenen Entwicklung geworden. Dabei ging es nie um irgendwelche Geschichten, sondern um meine. Ein Teil von mir. Die geschriebenen Worte wurden zu einer Brücke zwischen meinem Inneren und der Außenwelt, ein Mittel, um meine Erfahrungen, Träume, Hoffnungen und Werte mit anderen zu teilen.

Mit jedem selbst geschriebenen Text gewann ich an Selbstbewusstsein und es tat gut, die Kontrolle über meine kreative Richtung zu übernehmen. Die Musik wurde zu einem noch persönlicheren Ausdruck meiner selbst, eine lebendige Darstellung meiner Gedanken. Einer dieser Texte, die mir sehr viel bedeuten, ist der Song »S.O.S.« vom Album »100.000 Volt«:

Nur ein kurzer Blick,
Es gab kein zurück.
Und ich konnte es nicht erklären.
Immer wieder du,
Ich fand keine Ruh'.

Jeder Widerstand war vergebens.

Alles schlägt Alarm,
Mir wird kalt und warm.

S.O.S., bitte rette mich!
Halt mich fest, sonst verbrenne ich!
S.O.S., bitte rette mich!

S.O.S., suche deine Hand.
Ohne dich steht mein Herz in Brand.
S.O.S., bitte rette mich!
S.O.S., ich verbrenn!

Bei dir werd' ich weich
Und verrückt zugleich.
Meinen Träumen gibst du wieder Flügel.

Fühle wie noch nie
Pure Energie.
Und ich könnt' vor Glück fast zerspringen.

Alles schlägt Alarm,
Mir wird kalt und warm.

S.O.S., bitte rette mich!
Halt mich fest, sonst verbrenne ich!
S.O.S., bitte rette mich!
S.O.S., suche deine Hand!
Ohne dich steht mein Herz in Brand.
S.O.S., bitte rette mich!
S.O.S., ich verbrenn!

Es war der letzte Song, der von schmerzender Sehnsucht handelte. Warum? Ich unterhielt mich eines Tages dazu auch mit einem Mental-Coach, der mich plötzlich fragte, über was ich aktuell schreiben würde? Ich antwortete, dass ich gerade an einem Song arbeite, der Sehnsüchte zum Thema habe. Daraufhin meinte er: »Und dann wunderst du dich, warum du diese Sehnsucht so tief in dir trägst. Schreibe positive Texte und du wirst das Positive anziehen.« Rumms ... Das gab mir zu denken! Ich versuchte es. Gar nicht so leicht. Zuerst wollte kein passendes Wort aufs Papier. Wie geht positives Texten? Sehnsüchte zu notieren, war kein Problem. Und dann? So war der Anfang holprig. Je mehr ich mich damit auseinandersetzte, stets mit der »Rumms-Aussage« des Experten in den Ohren, desto besser funktionierte es.

Heute kann ich dem Mental-Coach recht geben. Gedanken können deine Sichtweise, deine Einstellung und letztlich dein Leben verändern. Dauert seine Zeit und muss konsequent verfolgt werden, wie beim Sport. Aber es funktioniert. Ich habe es tatsächlich erlebt. Deshalb schreibe ich heute fast ausschließlich positive Texte, die Mut machen und Kraft spenden sollen. Es entstehen Texte, die aufmuntern. Sie werden zu Liedern, auf die man gerne feiert und durch die man bestenfalls seelisch auftanken kann. Meine Passion als Texterin und letztlich auch als Sängerin.

Alle Jahre wieder – meine Prophezeiung, die sich selbst erfüllt

Das muss so um das Jahr 2015 gewesen sein: Für mich war in diesen Jahren der Punkt erreicht, an dem ich mich privat genauso verändern wollte, wie es mir in der Musik, also in beruflicher Hinsicht gelungen war. Natürlich ging es immer nur um das eine: Ich habe mir einen Partner gewünscht, der mich so liebt, wie ich bin. Für mich bedeutet Liebe geben, nicht nehmen. Mit so einer Lebenseinstellung ist natürlich die Gefahr sehr groß, ausgenutzt zu werden. Und genau das ist mir leider mehrfach passiert.

Trotz mehrfacher Enttäuschung habe ich den Glauben an den Richtigen in all diesen Jahren nie verloren. Es wird und muss ihn geben, den »Mister Right« mit derselben Einstellung zur Partnerschaft und Liebe, wie ich sie habe. Der Mann, der mich versteht und so annimmt und liebt, wie ich bin. Doch bislang hatte ich immer Pech, bin immer an die Falschen geraten.

Meine bisherigen Liebesbeziehungen erfüllten mich immer etwa zwei bis drei Jahre lang. Zuerst gab es den berühmten und leckeren »Honig um den Mund«. Alles war rosa. Danach verblassten Liebe und Zuneigung zu mir zunehmend. Ich wurde für meine Partner irgendwie unwichtig. Gleichzeitig wurden die Macken der Männer immer prägnanter. Einige suchten auch den Kick durch meine Bekanntheit. Mit einer prominenten Persönlichkeit zusammen zu sein, muss wohl aufregend sein. Dadurch bekommt man Zugang zu den Medien und zur Glitzerwelt. Es gibt viele neue Begegnungen, was wohl den gewissen Reiz ausmacht. Ich weiß es nicht. Meist brachen diese Beziehungen im dritten Jahr auseinander. Das alles lief oft nach ein und demselben Schema ab.

»War es wirklich Pech?«, fragte ich mich immer wieder. Oder gibt es da ein Muster, dem man einfach als Promi unterliegt?

Meine Erfahrungen sprachen hier eine deutliche Sprache. Natürlich gab und gibt es ein Muster! Ganz klar. Und so musste ich nach drei Jahren meistens gefühlt um Liebe betteln. Aber woran lag das? Heute sehe ich mich darin bestätigt, dass es mehr gibt als einen faulen Kompromiss in

Sachen Liebe. Mein Partner, der inzwischen auch mein Ehemann ist, ist für mich da und ich für ihn, bedingungslos oder anders gesagt: ohne Gegenleistung. Wir schenken uns Sicherheit und Wertschätzung. Wir nehmen uns an, wie wir sind, und verbiegen uns nicht gegenseitig. Jeder darf so sein, wie er ist. Ich genieße es, mich nicht erklären zu müssen, wenn ich auch mal nicht gut drauf bin. Wir fühlen ohne Worte, wie es dem anderen geht und warum. Das ist sehr befreiend.

Ich bin fest davon überzeugt, dass viele Beziehungen besser und länger halten würden, wenn man nicht den Weg geht, den anderen verbiegen zu wollen. Mein Ehemann hat in seiner Vergangenheit ähnliche Erfahrungen gemacht. Man kann sich seinen Partner nicht zusammenschustern und erwachsene Menschen zwingen, sich so zu verhalten und anzupassen, damit es für einen selbst passt. Viele unglückliche Beziehungen und Ehen vegetierten regelrecht dahin nach diesem Schema, auch nur, weil keiner diese Tatsache einsehen will bzw. dann auch den Schritt wagt, das Leiden zu beenden. Denn das Verbiegen und es dem anderen immer recht machen funktioniert auf Dauer nicht, vor allem, wenn man als Paar wirklich glücklich sein will.

Jahrzehnte lang lebte ich in einem Muster, an dessen Ende immer eine kaputte Beziehung stand, kombiniert mit einem Scherbenhaufen meiner Gefühle. Ich musste dieses Muster ein für alle Mal zerbrechen, bevor es mich endgültig zerbrach. Auch hier hat mir die Musik geholfen. Oder war sie irgendwie auch schuld an allem? Eine mögliche Lösung war greifbar. Ich erinnerte mich nochmals an die Worte des Mental-Coachs, der mir ja, wie vorhin schon beschrieben, riet, statt negative Worte zu verwenden und über unerfüllte Sehnsüchte zu schreiben, fortan alles positiv zu formulieren. Dann würde mein Leben auch eine positive Richtung einschlagen.

Abermals war ich geschockt, weil ich bemerkte, wie viele Sehnsüchte und unerfüllte Wünsche in meinen Texten steckten oder immer mitschwangen. Sollte das stimmen? Singe ich nur über Dinge, die ich selbst erlebt habe? Widerfahren mir auch Dinge, weil ich sie herbeisinge? Ist Glück und Zufriedenheit Willenssache und kein Schicksal? Jedenfalls konnte es nicht schaden, der Sache mal auf die Spur zu gehen und nach einem neuen und positiven Weg zu suchen.

Ich hatte zuerst keine Ahnung davon, wie es ist, einen von Grund auf positiven Song zu schreiben, der nicht in den Kitsch und ins Klischeehafte abdriftet. Ich hörte mein ganzes Plattenregal durch und suchte im Internet nach den besten Songs für gute Laune. Ich las viel und ließ die Gedanken wachsen, dass es jetzt meine Aufgabe sei, die Welt positiv zu machen, ohne mich selbst zu verleugnen. Mit leicht melancholischen, hoffenden, aber doch sehnsüchtigen Texten hatte das Duo Anita und Alexandra Hofmann viele Jahre große Erfolge gefeiert. Welche Wandlung sollte ich vollziehen? Würde das nicht auch auf Kosten meines Stils als Künstlerin gehen? Wie sollte die Zukunft aussehen? Ich meine nicht nur meine Musik, sondern auch meine Zukunft.

Meine Gedanken und die Suche nach einem neuen Ansatz für Liedtexte und Geschichten brachten nicht gleich ein ganzes Album hervor. Aber plötzlich war etwas verschwunden, das mich lange gequält hatte: Ich betrachtete meine Einsamkeit und meine früheren Krankheiten nicht mehr als Strafe. Ich stellte das Jammern ein. Meine Aufgabe als Sängerin wurde irgendwie neu definiert. Weil ich die Kehrseite kannte, konnte ich über die Sachen authentisch singen, die

Menschen bewegen. Egal, was auch passiert – du bist kein Opfer mehr! Das sagte ich auch zu mir. So wie ich damals »Gesundheit« auf meinen Aktenordner schrieb, der eigentlich mit »Krankheit« gekennzeichnet war, schrieb ich nun das Glück in meine Musik und tilgte dort die verflossene Liebe. Ich veränderte den Satz: »Ich bin es dem anderen nicht wert« in die Sätze »Ich bin es mir wert!« sowie »Ich bin kein Opfer«. Diese beiden Sätze gaben mir die Kraft, endlich dieses Hamsterrad erfolgreich zu durchbrechen.

Meine Songtexte sind auch meine musikalische Biografie und zeigen eine Entwicklung, die ich selbst durchgemacht habe. Ich habe die Magersucht besiegt und die Selbstzweifel, aus denen heraus sie entstanden ist. Ich habe mich mit meiner Neurodermitis versöhnt und auch mit den vielen seelischen Verletzungen, die mir Menschen zugefügt haben. Ich habe erkannt, dass es einzig und allein an mir liegt, was ich zulasse und was nicht. Und das Wichtigste ist: Ich habe den Kampf gegen mich selbst gewonnen, gegen das frühere »Ich«. Es war eine schwere und anstrengende Reise zu mir selbst. Aber die Mühe hat sich gelohnt.

Heute kann ich zu allem sagen: Halb so schlimm, wie es der Text meiner Debüt-Single als Solo-Künstlerin thematisiert. Wobei ich noch verraten muss, dass der Songtext zu »Halb so schlimm« nicht aus meiner Feder stammt, sondern von Tobias Reitz, dem aktuell erfolgreichsten Texter in der Schlager-Branche. Er hatte diesen Song in der Schublade und erinnerte sich daran, als er von meinen beruflichen Veränderungen erfuhr. Dieser Song-Text passe sehr gut zu mir, meinte Tobias in einem Telefonat. Er hatte recht, wie alle Zeilen dieses Liedes bestätigen:

Rosaroter Mond, der am Himmel thront
Mein Sprint zum Horizont mit dir.
Mein Kopf sagt: Aufgewacht.
Herz sagt: Was 'ne Nacht!
Es hat viel Spaß gemacht mit dir.

Ich bin schon mal an Liebe gescheitert. Ja klar,
na und? Wenn das Herz so Alarm schlägt, dann
gibt das einen Grund.

Halb so schlimm, aber doppelt so gut.
Halb so wild, aber ziemlich akut.
1000 Punkte für den Wahnsinn,
denn er hat uns voll erwischt.

Halb so schlimm, aber doppelt so gut.
Ich brauch nur meinen Löwinnen-Mut.
Ich hab Krisen überstanden.
Ich krieg auch die Liebe hin.
Ist halb so schlimm.

Ich hab längst entdeckt, Du bist nicht perfekt.
Klar, was das so weckt in mir.
Dass mein Herz Salto übt.
Tut wie schockverliebt.
Vielleicht passt du als Typ zu mir.

Ich bin schon mal an Liebe gescheitert
und an mir selbst.
Doch ich lieb es, wie du mich hier
auf die Probe stellst.

Halb so schlimm, aber doppelt so gut.
Halb so wild, aber ziemlich akut.
1000 Punkte für den Wahnsinn,
denn er hat uns voll erwischt.

Halb so schlimm, aber doppelt so gut.
Ich brauch nur meinen Löwinnen-Mut.
Ich hab Krisen überstanden.
Ich krieg auch die Liebe hin.
Ist halb so schlimm.

Zwischen rotem Teppich und Bruchbude

Das ist die gute Nachricht: Ich bin versöhnt und zufrieden! Heute bin ich mit meinem Ehemann Christian sehr glücklich. Ich möchte aber noch einmal zurückblicken, weil ich weiß, dass ich viele Leidensgenossinnen und -genossen habe.

Meine erste große Liebe zerbrach, weil meinem damaligen Freund die Kumpels wichtiger waren als ich. Wenn man so will: der Klassiker. Damals waren wir etwa 18 Jahre alt. Ich dachte lange, dass wir einfach noch viel zu jung waren und die Beziehung deshalb scheiterte. Jetzt im Rückblick sehe ich das anders. Es liegt nicht am Alter, wenn eine Beziehung scheitert. Es geht um eine gewisse Ernsthaftigkeit der Gefühle. Wer hierbei nicht ganz auf Liebe eingestellt ist, kann dir auf Dauer auch keine ehrliche Liebe geben.

Einmal richtete ich nach einer längeren Beziehung eine Bitte an meinen Partner: »Wenn du mir die Frage aller Fragen stellen möchtest, dann müssen wir rechtzeitig schauen, dass wir einen Freiraum im Terminkalender reservieren für die Hochzeit und die Hochzeitsreise.«

Die Antwort meines damaligen Freundes ließ mich sprachlos zurück: »Warum sollen wir etwas ändern, wenn es läuft. Es ist doch gut, so wie es ist.« Für mich ein Schlag ins Gesicht. Ich wusste ab dann, unsere Beziehung würde sich nie weiterentwickeln, geschweige denn zu einer Familie heranwachsen.

Oft habe ich gedacht, dass ich ganz auf Liebe eingestellt sei und dafür über alle Grenzen gegangen bin. In Wirklichkeit war ich ausgehungert nach Liebe und auf der sehnsüchtigen Suche nach einem Arm. Dafür habe ich immer alles gegeben. Äußerst gefährlich, wenn »Mann« das durchschaut. Das war auch der Grund für eine Beziehung, in der wir beide so verschieden waren, wie Tag und Nacht. Am Anfang war er da, dieser Arm, genau wie dieses Feingefühl, diese Liebe, nach der ich ausgehungert war. Doch dann kam Monat für Monat der wahre, sehr raue Kern des Partners zum Vorschein. Er hatte ein gutes Herz. Aber ich denke, sein Beruf hat ihn so hart gemacht. Wohl auch deshalb lebte er mehr als spartanisch. Natürlich war ich einen gewissen Luxus gewohnt. Eine warme Dusche und eine Heizung sind doch eigentlich normal. Hier hatte ich über viele Monate genau diesen »Luxus« nicht!

Ich glaube, dass der Beruf eines Soldaten im Wesentlichen dazu beiträgt, dass man auch mit wenig klarkommt und keine großen Ansprüche an sich stellt. Mein damaliger Partner lebte spartanisch und bewohnte ein Haus, das er selbst renovieren wollte. Aber dafür fand sich irgendwie nie die Zeit. Ich war regelrecht blind vor Liebe, blendete vieles aus und zog sehr schnell zu ihm in die, man muss es so beschreiben, Bruchbude.

Dort fror ich permanent, denn wir hatten weder warmes Wasser noch eine Heizung. Strengbetrachtet hatte ich kein neues Zuhause gefunden, sondern vielmehr ein echtes

»Überlebenscamp«. Drei Winter verbrachte ich dort – ganz ohne Heizung. Nur in einem Raum stand ein kleiner Schwedenofen. Während der ersten Abende faszinierte mich das flackernde Feuer und die dadurch entstandene warme Stube. So muss es wohl in früheren Zeiten auch gewesen sein. Aber schnell war klar: Das war für mich ein Albtraum! Wurde ich anfangs von der Perspektive auf ein liebevoll renoviertes Haus quasi am Leben erhalten, schwand mit jedem kalten Tag die Hoffnung, dass sich hier irgendwann etwas ändern würde und könnte.

Alles andere war für meinen damaligen Freund wichtiger, als sich endlich mal zumindest um Heizung und Dusche zu kümmern. Also beschloss ich, hier allein vorzugehen. Am Hausdach wollte ich anfangen, die Isolierung dort allein einbauen. Alles für ein Haus, das ich nicht mochte und in dem ich eigentlich nicht leben wollte. Vielleicht kam es deshalb auch zur Flucht nach vorne. Ich ließ einfach alles über mich ergehen. Dabei hätte ich die andere Richtung nehmen müssen. Weg da und tschüss! Ich halte es lange aus und bin zäh. Das habe ich in diesen Jahren gezeigt und gelebt. Ich renne nicht gleich weg, wenn es ungemütlich wird. Vielmehr packe ich mit an und stelle mich der Herausforderung. Wobei es hier auch vielleicht daran lag, dass ich einfach nicht allein sein wollte.

Rückblickend muss ich sagen, dass es für mich oft besser gewesen wäre, gleich zu gehen, statt so vieles zu ertragen, was mich verletzt hat. Wahrscheinlich hätte es mir auch gutgetan, einmal längere Zeit ohne Partner zu leben, mit mir allein klarzukommen. Doch eine diffuse Angst vor genau diesem Alleinsein hinderte mich eigentlich immer daran, zu gehen.

Um nicht zu frieren, putzte ich mir gekleidet in Winterstiefel und Winterjacke meine Zähne. Wenn ich in der kalten

Jahreszeit das Mittagessen zubereitete, wärmte ich mich am Herd, denn im Haus hatte es oft nur acht Grad. Ich tat alles für meinen damaligen Partner und dieses Haus. Ein Albtraum, aus dem ich lange nicht erwachen konnte. Und so hielt ich wieder einmal meine Hausschuhe in der Hand. Die Filzpantoffel waren von Mäusen zerfressen. Warum hatte ich das nicht bemerkt? Was war los mit mir? Doch es sollte schon bald der Tag kommen, an dem sich alles ändern und die Sonne in mein Privatleben Einzug halten würde.

Heute danke ich dieser Erfahrung. Sie hat mich geerdet. Das alles war für mich eine hohe Lebensschule. Mit wenig auszukommen war eine neue Erfahrung für mich. Zudem musste das alles einen Zweck haben. Und wenn es die Liebe nicht mehr gibt, warum bleiben? Für was? Zur reinen Selbstaufgabe? Das darf man sich nie antun!

Ich habe es in meinem Leben immer wieder getan. Vielleicht auch, weil ich aus meinen Fehlern nicht lernen wollte. Meiner Ansicht nach bringt uns das Schicksal immer wieder in die gleichen Situationen, bis wir erkennen: Sackgasse! Manchmal dauert das Erkennen sehr lange. Und manchmal haut das Schicksal immer kräftiger zu, bis man die Sackgasse endlich erkennt, wach wird und was ändert.

Immerhin hatte ich den Beweis dafür, dass ich meine Bedürfnisse stark herunterschrauben und nur mit wenig auskommen konnte, wenn es sein musste. In dieser Zeit lernte ich auch, was mir inzwischen so wichtig ist: Wertschätzung und Dankbarkeit. Wenn man Dinge plötzlich nicht mehr hat, die früher selbstverständlich waren, geht man mit vorhandenen Ressourcen anders um. Man wird generell genügsamer. Eine gute Lebensschule, wie ich finde.

Weil ich gelernt habe, anspruchslos leben zu können, bin ich schließlich auch gut durch harte Zeiten gekommen, wie auch die Zeit der Corona-Pandemie, in der für uns Künstler wirklich alles stillstand. Ich spürte durch meine Erfahrungen in der Bruchbude eine tiefe Dankbarkeit meinen Eltern gegenüber, weil mir plötzlich bewusst geworden war, was sie über all die Jahre und Jahrzehnte alles für mich getan hatten und wie gut es mir dadurch ging und geht. Sie haben sich regelrecht aufgeopfert, damit meine Schwester und ich ein möglichst sorgenfreies Leben führen können. Was für eine Leistung!

Füreinander da sein. Auch in einer funktionierenden Beziehung das Maß aller Dinge, wie ich finde. Wenn man sich gegenseitig seine Liebe auf verschiedene Arten zeigt, ist das so wertvoll. Das fängt schon mit einem Glas an, das auf dem Tisch für dich steht, wenn man nach getaner Arbeit nach Hause kommt. Es geht mit einem Strahlen in den Augen deines Partners weiter, wenn er dich einfach nur ansieht. Oder er deine Hand und deine Nähe sucht, ohne darüber nachzudenken. Dabei braucht es keine Worte. Meist sind es die kleinen Dinge im Alltag, mit denen dir dein Partner zeigt, was du ihm bedeutest und was er für dich fühlt, dass man zusammengehört. Ja, ganz recht, das können einfach auch nur zwei Tassen auf dem Frühstückstisch sein – oder ein ehrlicher und intimer Kuss. Wenn man ganz ineinander übergegangen ist und es keine Welt ohne den anderen gibt. Das alles stellt für mich den Kern der wahren Liebe dar. Ich nehme solche Kleinigkeiten wahr und schätze sie sehr. Genauso merke ich auch, wenn sie nicht kommen.

Wichtig für eine gesunde, stabile und somit dauerhafte Beziehung ist, dass das oft zitierte »Geben und Nehmen« sich gleich verteilt. Es tötet die Liebe, wenn sich einer dauernd aufopfert und der andere nur nimmt. Diese Erfahrung habe ich selbst mehrfach machen müssen und auch bei vielen anderen Paaren beobachtet.

Im Verlauf meiner verschiedenen Beziehungen – und sie waren irgendwie doch grundverschieden – traten bei meinen Partnern immer die Hobbys in den Vordergrund: Der eine hatte nur Fußball im Kopf, der andere die Feuerwehr. Ich wollte nie, dass sich mein Partner wie eine Magnetnadel nur nach mir ausrichtet. Dennoch habe ich mir immer einen Mann gewünscht, für den ich gefühlt sein Ein und Alles bin. Ein Mann, der seine Hobbys hat und pflegt, diese aber für ihn nicht wichtiger waren als ich. Es geht dabei nicht darum, dass er etwas lassen soll. Sondern vielmehr, um das Gefühl zu spüren, wie wichtig man dem anderen ist.

Ich habe meine knappe private Zeit immer voll und ganz nach meinen Partnern ausgerichtet. So ticke ich eben. Meine ehemaligen Freunde haben ihre private Zeit allerdings meist ihren Hobbys gewidmet. So saß ich oft abends allein zu Hause, war gefühlt nur für den Haushalt da. Es stimmte mich oft sehr traurig, dass meine Partner in diesen wenigen freien Momenten nicht auch das Bedürfnis hatten, diese Zeit gemeinsam mit mir zu verbringen.

Die Kunst einer guten Beziehung ist es, sich nicht verbiegen zu müssen, sein eigenes Selbst beizubehalten und trotzdem für den anderen da sein zu können. Etwas, was ich mir lange gewünscht hatte, doch erst in reiferen Lebensjahren bekommen sollte.

Nach meiner harten Lebensschule an der Seite des Soldaten hat sich meine Einstellung gravierend geändert. Ich habe mir eines geschworen: Ich werde nie wieder um Liebe betteln! Das bin ich mir wert! In der Beziehung mit dem Soldaten habe ich meine Wohn- und Lebensansprüche quasi auf null gesenkt, habe mich zu oft hintenangestellt. All das änderte sich mit und durch meinen Ehemann Christian. Für ihn ist es nicht selbstverständlich, dass es mich in seinem Leben gibt. Für ihn bin ich sein Ein und Alles. Das zeigt er mir jeden Tag, mit Gestik, Mimik und mit Worten. Und das ist umgekehrt genauso.

Mein Mann fürs Leben

Nach all den enttäuschenden Erfahrungen in der Liebe war ich an einem Punkt angelangt, an dem ich es nicht mehr für möglich hielt, den Mann fürs Leben zu finden. Wie hätte das auch funktionieren sollen? Ich war ja ständig unterwegs. Selbst wenn ich wieder jemanden kennenlernen sollte, war ich mir sicher, dass dieser nur die Sängerin in mir sehen würde, nicht aber die Anita, die ich wirklich bin. War es möglich, dass es jemanden geben sollte, der mich als Mensch sieht? Gab es mich als private Anita überhaupt noch? Manchmal kannte ich mich selbst nicht mehr. Es sollte alles kommen.

Im Jahr 2016 hatten Alexandra und ich dann wieder mal ein Radio-Interview im Terminkalender. Die Aufzeichnung sollte nicht im Studio des Senders stattfinden, sondern in einem Café am Bodensee. Die moderne digitale Aufzeichnungstechnik macht es möglich, dass solche Interviews ortsungebunden stattfinden können. Als wir ankamen, begrüßte uns der Radiomann und stellte sich als Christian Filip vor. Wir nahmen an einem Tisch Platz. Christian saß mir direkt gegenüber. Alexandra saß neben ihm. Dann begann die Interview-Aufzeichnung und Christian ging seine Fragen durch, stellte im Laufe des Gesprächs immer wieder auch Zusatzfragen. Es lief alles routiniert ab, wie wir es schon sehr oft erlebt hatten und Christian sicher auch genauso oft durchgeführt hatte. Auf einmal monierte Alexandra schmunzelnd, dass der Interviewer wohl nur mich ansehen würde und nicht sie.

»Kann der auch mal mich anschauen?«, fragte sie frotzelnd. Christian konstatierte und wendete sich daraufhin auch konzentriert Alexandra zu. Mir selbst war das gar nicht aufgefallen. Zum Abschluss des Interviews blickte ich gezielt an Christian vorbei zu Alexandra und fragte sie, ob sie glaube, dass Christian auch mal zu einem Konzert von uns kommen wolle, falls ich ihn einladen würde. Ich merkte, wie Christian die Augenbrauen hochzog und kurz verstummte. Und das bedeutet bei einem Radiomann schon einiges. Christian griff daraufhin zu einer Visitenkarte und reichte sie mir mit den Worten: »Hier ist meine Nummer.« Nach einem netten Small-Talk, bei dem ich auch beiläufig erfuhr, dass Christian mit Mark Keller einen prominenten Bruder hat, endete das Interview und wir verabschiedeten uns voneinander.

Ich kann mich heute zwar nicht mehr an den Inhalt des Interviews erinnern, aber an den Mann hinter dem Radiomikrofon sehr gut. Gott sei Dank hatte ich damals seine Nummer bekommen, wenn es auch anfangs nur seine Geschäftshandynummer war. Am Folgetag wählte ich sie auch. Als Christian abnahm, sprachen wir kurz über dies und das, ehe ich mit dem wahren Grund meines Anrufs rausrückte: »Kannst du mir die Nummer deines Bruders geben?«, fragte ich direkt und erklärte weiter, dass ich Mark gerne fragen wollte, ob er bei einer Promi-Jury für eine Aktion, die wir durchführten, mitwirken wolle. Christian ließ sich seine Enttäuschung nicht anmerken, verriet mir aber viel später einmal, dass er damals dachte, ich würde nur seinetwegen anrufen. Die Nummer von Mark erhielt ich nicht, da Christian die niemandem rausrückte.

Dafür gab mir Christian die Nummer des Managements von Mark und gleich auch seine private Handynummer. So könne man sich auch mal WhatsApp-Nachrichten zusenden, meinte er abschließend. Nach dem Telefonat hörten wir uns dann lange Zeit nicht mehr. Hin und wieder kam dann von Christian eine WhatsApp, auf die ich dann auch reagierte. Immer sehr wertschätzend und freundlich. Aber die Zeit für uns war noch nicht gekommen. Ich sollte wohl noch eine Ehrenrunde drehen. Denn kurz zuvor begann die Beziehung zu dem vorhin erwähnten Soldaten. So gingen noch drei Jahre ins Land.

Nachdem die Beziehung mit dem Soldaten beendet war, setzte ich mich intensiv mit meinem leidigen »Hamsterrad« auseinander, in dem ich mich immer bewegte. Ich machte mir Gedanken darüber, weshalb meine Beziehungen meist immer nur drei Jahre dauerten und dann zerbrachen. Wieso musste ich immer um Liebe betteln? Wieso suchte ich immer verzweifelter danach? Wie konnte ich endlich aus diesem Hamsterrad herauskommen? Fragen ohne Ende. Eines wusste ich zu hundert Prozent. Ich wollte dieses wiederkehrende Muster ein für alle Mal durchbrechen. Ich erinnerte mich wieder an den Mental-Coach, der mir auftrug, positiv vom Leben zu singen und positiv das Leben zu sehen. So pflasterte ich meine Wohnung mit Zetteln zu, auf denen ich positive Botschaften an mich selbst schrieb.

So gelang es mir zu verstehen: Ich war kein Opfer! Ich bin es mir wert! Ich durfte mich annehmen und lieben, wie ich war. Jetzt war ich zwar allein, aber es war in Ordnung, denn ich bringe mir selbst die Achtung und Wertschätzung entgegen, die ich gesucht hatte. Wenn man nach Hause in eine leere Wohnung kommt, dann darf es wehtun. Manchmal muss man sich intensiv mit einem Schmerz auseinandersetzen, um ihn aufzulösen und letztlich irgendwann zu verdauen.

Das war im Jahr 2019. Im gleichen Jahr hatte ich gemeinsam mit meiner Schwester eine Konzert-Tour, die uns neben zahlreichen Städten auch nach Reutlingen (Baden-Württemberg) führte. Dort ist der Radiosender stationiert, in dem Christian Filip, der sympathische Radiomann, als Programmchef arbeitet. Also der Mann, der uns drei Jahre zuvor am Bodensee interviewte. Ich erinnerte mich noch gut an diese erste Begegnung, der trotz sporadischem Handy-Kontakt in all dieser Zeit nie ein weiteres Treffen folgte. Das sollte sich nun in Reutlingen ändern. Ich entschloss mich dazu, Christan zu unserem Konzert einzuladen. Würde er zusagen und kommen? Eigentlich wusste ich nichts über ihn. Nur eines wusste ich ganz genau: Ich würde mich freuen, ihn wiederzusehen.

Auf meine Einladung hin sagte Christian sofort zu. Am Tag vor unserem geplanten Wiedersehen fragte ich Christian dann noch kurzfristig, ob er Lust hätte, im Vorfeld des Konzerts auch mit mir essen zu gehen. Denn die Tour, auf der ich mich befand, verlangte mir viel ab. Ich bekam Kreislaufprobleme, auch weil ich die regelmäßige Nahrungsaufnahme nicht mehr so ernst nahm, wie es eigentlich sein sollte. So entstand an diesem Tag noch vor dem Konzert quasi ein privates Date, war doch kein Tour-Mitglied in der Nähe, als Christian mich an der Reutlinger Stadthalle abholte.

Vielleicht war es die Magie des Augenblicks. Jedenfalls fühlte sich in diesen Stunden alles perfekt an. Wir spazierten in die Innenstadt und suchten ein Lokal. Ich wählte ein Steak, wohl wissend, dass ich etwas Energiereiches für meinen Körper brauchte. Was Christian bestellte, weiß ich nicht mehr.

Das liegt sicher auch daran, dass wir schon während der Bestellung vertiefte Gespräche führten. Das ging während des Essens so weiter, immer mit der nötigen Brise von Wortgewandtheit und Humor, die wir wechselnd beisteuerten. Wir stellten schnell fest: Das passt. Genauso wie unser Musikgeschmack.

Ich hatte auch sehr bald das Gefühl, dass dieser Mann dieselben Werte vertrat wie ich. Er war höflich, dankbar und wertschätzend. Das ist mir so wichtig, denn ich glaube, wenn man gleich tickt, sind die Chancen groß auf eine Beziehung mit Stabilität und Dauer. Ist der eine beispielsweise ordentlich und der andere unordentlich, ist Streit meist vorprogrammiert. Kommen eine Partymaus und ein Stubenhocker zusammen, besteht die Gefahr, dass man sich auseinanderentwickelt. In jungen Jahren, wenn man sich noch selbst sucht und austobt, mag es wohl für Beziehungen stimmen, wenn es heißt »Gegensätze ziehen sich an.« Doch für eine Beziehung mit Fundament gilt wohl eher »gleich und gleich gesellt sich gern.« So sehe ich das jedenfalls auch rückblickend auf mein Liebesleben, das diese Sichtweise ja auch eindeutig untermauert.

Diesen Mittag genoss ich sehr. Dann brachen wir auf. Christian begleitete mich zurück zur Stadthalle, wo der Soundcheck für das Konzert auf dem Plan stand. Ich nahm Christian mit in den Backstage-Bereich, in dem uns natürlich alle Tour-Mitglieder inklusive meiner Mutter neugierige Blicke zuwarfen. Es war mir egal. Ich genoss es einfach, dass dieser Mann auch hier an meiner Seite war. Ein Mann, den ich kaum kannte, der mir aber schon jetzt irgendwie sehr nah war.

Das Konzert erlebte Christian im Publikum. Auch danach gingen wir noch nicht auseinander. Gemeinsam mit meiner Freundin Steffi und ihrer Tochter besuchten wir eine Bar, in der wir – ganz standesgemäß – Cola Zero tranken. Denn auch Christian macht sich wie ich nichts aus Alkohol. Später bei der Verabschiedung bedankte er sich für den wunderschönen Tag und meinte, dass er mich gerne wiedersehen wolle. Ich sagte in diesem Augenblick nichts und lächelte nur. Dafür ergriff Steffi, die einige Meter von uns entfernt stand, das Wort und meinte, das könnte sogar schneller gehen, als wir jetzt ahnen würden. Dabei zwinkerte sie zu uns rüber. Keiner wusste wohl in diesem Augenblick, dass sie recht behalten sollte.

Es dauerte aber noch ein paar Wochen, bis wir uns wiedersehen würden. In der Zwischenzeit wurden WhatsApp-Nachrichten in beide Richtungen geschickt und einige Telefonate geführt. Einmal sogar fast die ganze Nacht lang. Dabei bat ich Christian plötzlich, so zu sein, wie er in drei Jahren sein würde. Denn ich hatte wieder die Befürchtung, dass in einer möglichen Beziehung nach drei Jahren alles anders sein würde. Christian entgegnete, dass er immer so ist, wie er sich jetzt gibt. Er sollte glücklicherweise recht behalten.

Dann kam der Tag, an dem wir uns wiedersahen. Diesmal ganz privat, denn die Tour war mittlerweile beendet. Ich kam nach Reutlingen und traf Christian nach seiner getanen Arbeit vor dem Funkhaus. Obwohl es an diesem Abend sehr frisch war, gingen wir spazieren. Es war herrlich, denn unser Leben auf der Bühne und im Radiostudio war ganz weit weg. Da gab es gefühlt nur uns beide, an jenem 9. April 2019. Wir erreichten einen kleinen Park, standen uns dann hier gegenüber und schauten uns tief in die Augen. In diesem Moment schoss mir plötzlich ein Wort durch den Kopf: »Angekommen«. Ich fühlte, dass meine ewige Suche nach dem richtigen Partner zu Ende war und dass meine ständigen Verletzungen und seelischen Schmerzen, immer wenn eine weitere Beziehung in die Brüche ging, sich nicht mehr wiederholen würden. Meine Reise war zu Ende. Endlich.

Irgendwo habe ich mein S.O.S. abgesetzt und es ist tatsächlich einer gekommen. Diese Erkenntnis zog mir für einen kurzen Moment wortwörtlich die Füße unter dem Boden weg. Ich spürte eine Schwerelosigkeit, eine unendliche Erleichterung und wurde ohnmächtig. Christian wusste dabei nicht, wie ihm geschah. Später verriet er mir, dass er zu diesem Zeitpunkt eine tiefe Angst um mich verspürte, als er mich im Park zusammensacken sah und mich mit seinen Armen auffing. Für einen kurzen Moment lag ich dann teilnahmslos auf dem kalten Boden. Eine herbeieilende und besorgte Spaziergängerin half dabei, meine Füße hochzuhalten. Dann kam ich wieder zu mir und richtete mich mit Christians Unterstützung langsam wieder auf.

Nach diesem »Schockmoment« schlenderten wir bedächtig zurück. Ich habe Christian an diesem Abend schon einen Schrecken verpasst. Ein Erlebnis, das ihn gleichwohl spüren ließ, was ich ihm schon jetzt bedeutete. Auch das verriet er mir kurz danach.

Bereits am Folgetag hatte ich das starke Bedürfnis meiner Mutter, die im Nebenhaus wohnt, eine wichtige Botschaft zu überbringen: »Mama, nur dass du es weißt: Ich habe den Mann meines Lebens kennengelernt. Den werde ich heiraten. Nächste Woche müssen wir uns unbedingt zum Essen treffen, damit du und Papa ihn kennenlernt.« Meine Mutter erwiderte nur kopfschüttelnd, dass ich spinnen würde. Ihre Meinung spielte aber keine Rolle. Ich wusste und fühlte es einfach. Ganz unbeirrt. Genauso unbeirrt verfolgte ich das Ziel, meinen Eltern Christian schon sehr bald vorzustellen.

So trafen wir uns bereits eine Woche nach unserem ersten Treffen in Reutlingen nun zum Abendessen in einem Nachbarort von Meßkirch. Ich bin mir sicher, an jenem Abend haben meine Eltern mir bereits ihren Segen gegeben, auch wenn sie es nie so ausgesprochen haben.

Dann ging alles Schlag auf Schlag. Nach nur sieben Tagen kündigte Christian seine Reutlinger Wohnung, um zu mir nach Meßkirch zu ziehen. Ich tat in dieser Zeit alles, dass der Umzug noch schneller stattfand, als es wohl Christian ursprünglich geplant hatte. So transportierte ich nicht nur einmal seine Sachen und Möbel allein zu mir, während Christian noch bei der Arbeit war.

Vieles schleppte ich eigenhändig von seiner Mietswohnung im dritten Stock – ohne Aufzug – in unseren VW-Bus, der mir in dieser Zeit treue Dienste leistete. Christian wunderte sich immer wieder, ließ es aber geschehen. Es fühlte sich auch für ihn richtig an. Natürlich gab es noch den großen Umzug, an dem uns Freunde und Familienmitglieder tatkräftig unterstützten.

Erst ein Jahr später fiel mir auf, dass wir gar nicht darüber gesprochen hatten, ob Christian überhaupt zu mir ziehen möchte. Ich hatte ihn tatsächlich nie gefragt. Es war für uns beide einfach klar, dass es so sein muss und sein wird, weil wir es wollten. Wir mussten beide lachen, weil wir nichts von alldem im Detail besprochen und ausdiskutiert hatten. Alles war klar und verlief nach einem uns unbekannten Plan, der uns aber so einleuchtend erschien, dass wir uns in keiner Sekunde dem gesperrt hätten, was da vor sich ging. Ich weiß nicht, ob das jemand nachvollziehen kann. Es klingt vielleicht auch etwas kitschig. Aber all das war irgendwie Bestimmung!

Natürlich schwamm ich wieder einfach mit dem Strom. Doch diesmal spürte ich: Es war mein Strom, mein Weg.

Früher war ich zu bequem und einfach zu untätig, um meine volle Persönlichkeit und meinen Willen zu zeigen. Bei Christian ließ ich alles zu, weil es mein Wille war, alles zuzulassen. Es war mir zu jeder Zeit bewusst, was hier geschah und ich genoss es jeden Augenblick. Dieses Gefühl und dieser Zustand hat sich bis heute nicht geändert. Liegt sicher auch daran, dass für uns Liebe bedeutet, zu geben und nicht zu nehmen.

Am 1. Juli 2019 wurde Christian offiziell ein Meßkircher Bürger. Das Zusammenleben entwickelte sich so prächtig, als wäre es immer so gewesen. Wir hatten jeweils im anderen ein Zuhause gefunden. Zudem bekam jeder eine Familie dazu. An unserem ersten gemeinsamen Weihnachten waren meine Eltern, meine späteren Schwiegereltern, Christian und ich gemeinsam bei uns zu Hause. Es gab zunächst ein gemütliches Essen in großer Familienrunde, alles war sehr feierlich und perfekt. Meinen Schwiegereltern gefiel es so gut, dass sie gefühlt gar nicht mehr nach Hause wollten. Auch meine Eltern saßen noch lange mit uns allen auf unserer Couch. Christian und ich beschlossen deshalb, dass wir unsere persönliche Bescherung erst machen wollten, wenn alle gegangen sind.

Es wurde spät in der Nacht. Christian war nervös. Das kannte ich von ihm so nicht. Wir saßen auf dem Sofa, als er plötzlich ein Ring-Etui aus seiner Hosentasche zog, es öffnete und mich sitzend plötzlich fragte: »Willst du meine Frau werden?« Zuerst hab ich es gar nicht so richtig begriffen, was hier gerade passiert. Vielleicht auch, weil Christian vor lauter Aufregung vergessen hatte, bei seinem Antrag auf die Knie zu gehen. Geplant war es allerdings, wie er mir später beichtete. Als ich dann aber realisierte, was da gerade ein Mann – und zwar der für mich perfekte Mann – zu mir gesagt hatte, musste ich zwei Stunden weinen, weil ich mein Glück nicht fassen konnte. Ich hatte längst nicht mehr damit gerechnet, dass ich das in meinem Leben noch erleben darf. Natürlich sagte ich schluchzend »Ja, ich will«, wodurch unsere Verlobung an Heiligabend 2019 besiegelt wurde. Seit diesem Tag ist jeder Christbaum in unserer Stube unser Verlobungsbaum. Und so behandeln und ehren wir ihn auch.

Der Corona-Pandemie ist es geschuldet, dass unsere Hochzeit nicht wie ursprünglich geplant im Jahr 2021, sondern erst ein Jahr später stattgefunden hat. Doch auch die etwas mehr als zwei Jahre dauernde Verlobung hat uns nicht geschadet. Vielmehr hat uns die Zeit der Pandemie und der Quarantäne gezeigt, dass wir es tagtäglich und immer wieder 24 Stunden lang gemeinsam miteinander aushalten können. In dieser Zeit haben wir sehr gut von unseren Vorräten gelebt. Auch als uns eine Freundin des Hauses mal fragte, was sie uns aus dem Supermarkt mitbringen darf, kam die einhellige Aussage: eine Tüte Chips, weiter nichts. Wir müssen nicht im Überfluss leben. Christian und mir sind andere Sachen wichtiger, vor allem, dass man sich hat und die Zeit miteinander genießt. Und das tun wir jeden Tag bewusst und voller Zuneigung füreinander.

Hochzeit – auch die Fans feierten mit

Unsere Hochzeit war am 30. Juli 2022. Es war eine absolute Traumhochzeit. Wir zählten 500 Gäste – 250 Fans und 250 Ehrengäste. Oft wurden wir gefragt, warum habt ihr so groß gefeiert. Christian ließ mir die Wahl. Als wir dann anfingen, die Gästeliste zu erstellen, waren wir schon allein mit Familienangehörigen und Freunden bei 180 Personen. Das wäre dann auch schon eine deutlich umfangreichere

Feier geworden, denn so oder so hätten wir eine größere Location suchen müssen. Aber nicht deshalb beschlossen wir, groß zu feiern. Nein, wir wollten möglichst auf niemanden verzichten, der uns wichtig war oder mit dem wir gute, auch freundschaftliche Kontakte hatten. Christian weiß, wie wichtig mir meine Fans sind. Ich wollte sie auch unbedingt bei der kirchlichen Trauung dabeihaben. Hätten wir unsere Hochzeit wie ursprünglich geplant im Jahr 2021 durchgeführt, hätte sich dieser Wunsch nicht realisieren lassen. Auch Anfang 2022 war noch nicht konkret absehbar, ob die Corona-Situation sich so entwickeln würde, dass wir ungehindert feiern und die Kirche mit ihren rund 500 Sitzplätzen komplett füllen könnten.

Glücklicherweise ging die Entwicklung der Pandemie in eine Richtung, in der Abstand halten und Maske tragen zunehmend überflüssig wurden. So durften dann tatsächlich alle, die von uns eine Einladung erhielten, in die Kirche kommen. Darüber waren wir beide sehr erleichtert und froh, denn monatelang war uns nicht klar, ob eine Trauung in dieser Größenordnung überhaupt möglich wird.

Und so kam der Tag, an dem uns auch der Wettergott wohlwollend zu Seite stand. Anders wäre es zum ursprünglichen Termin im Jahr zuvor gewesen: Damals gab es unentwegt Dauerregen. Es musste wohl alles so kommen. Es war traumhaft: Die Kirche war bis zum letzten Platz gefüllt mit zufrieden blickenden Menschen. Christian wartete mit seinem Trauzeugen Andi am Altar auf mich. Was mein Schatz zu diesem Zeitpunkt noch nicht wusste: Es sollte eine Überraschung für ihn geben. Die Organistin, die aus Christians Heimatort Überlingen stammt, spielte auf der Kirchenorgel noch keinen Hochzeitsmarsch – vielmehr einige Narrenmärsche aus Überlingen und weiteren Narrenorten, die gemeinsam närrisch verbunden sind. Wie ich später erfuhr, schunkelten Christians Fastnachtskollegen, sein Trauzeuge und Christian selbst zu diesen Tönen, während die anderen Hochzeitsgäste verwundert beobachteten, was hier passiert. Zum Abschluss gab es in der Kirche noch ein »Juhu«, in Form eines lauten Juchzgers, als würde man sich über etwas tierisch freuen. So ruft man zur Fastnacht in der alten Narrenstadt Überlingen und in der Zunft, der Christian bereits länger angehört und mittlerweile als Vize vorsteht.

Ja, ich habe einen richtigen Narren der schwäbisch-alemannischen Fastnacht geheiratet, aber genau das macht meinen Mann noch liebenswerter. Doch bevor er mein Ehemann werden sollte, braucht es noch was Elementares: das »Ja-Wort«. Kurz bevor ich die Haupttüre der Kirche öffnete, hielt ich für einige Sekunden meine Hand an die Außenseite der Tür. Ich weiß nicht, warum ich das tat. Im Nachhinein war diese Geste irgendwie symbolisch für diesen wichtigen Schritt in meinem Leben. Es öffnete sich wortwörtlich eine neue Tür für mich: als geliebte Ehefrau.

Und dann betrat ich zur Orgelmusik die Meßkircher Schloßkirche. Es lag deutlich spürbar ein Frieden und eine Wertschätzung in der Luft, wie ich es noch nie zuvor erlebt hatte. Ich blickte um mich und entdeckte zahlreiche Menschen, mit denen ich viele Erinnerungen teilte. Alle sind sie einen weiten Weg angereist, um dabei zu sein an unserem wichtigsten Tag. Wahnsinn. Tiefe Dankbarkeit breitete sich in mir aus.

Mein Traum wird wahr.

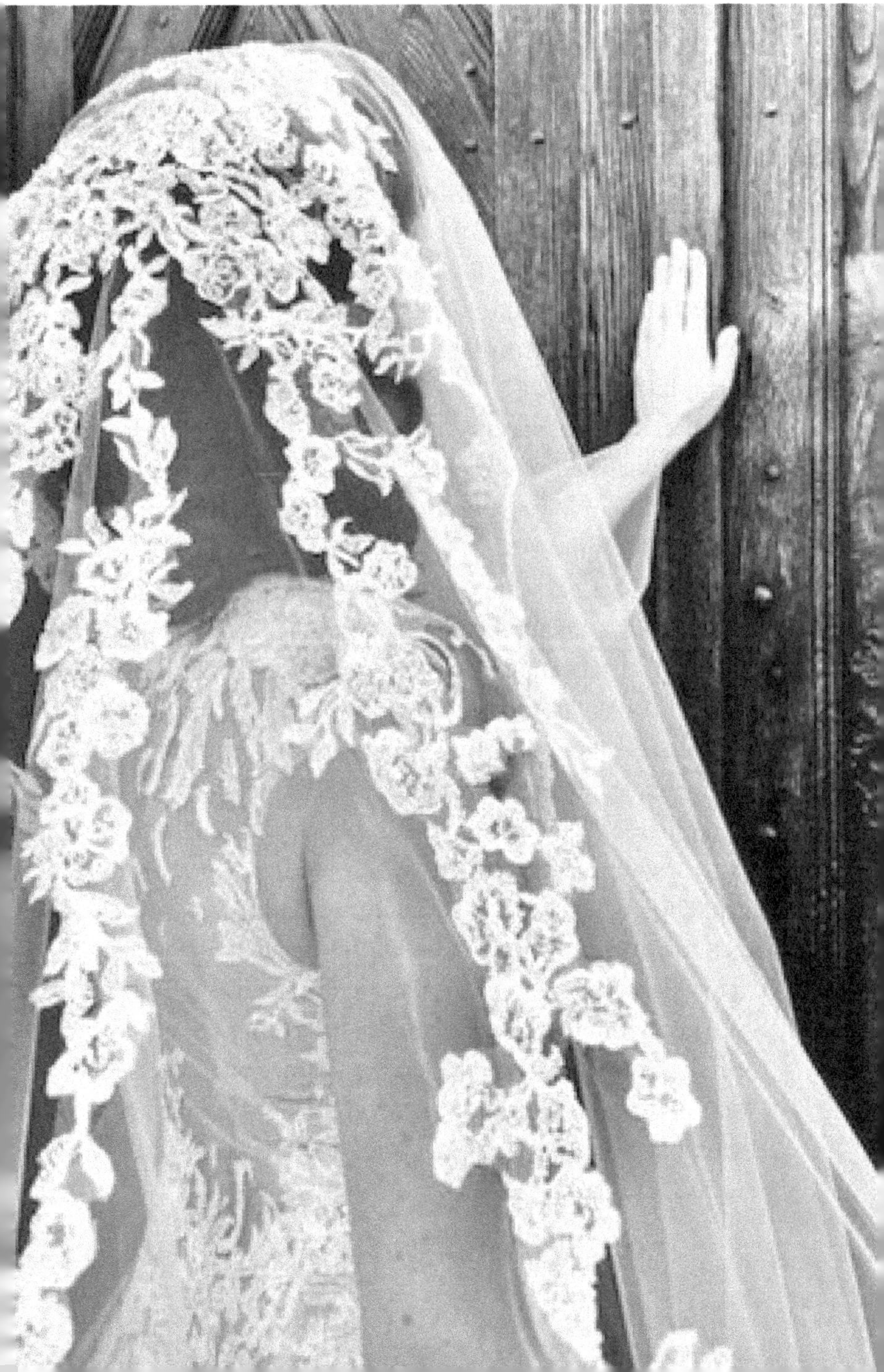

Und dann erreichte ich den Mann, der mir dieses Heimatgefühl gibt, das ich so lange gesucht hatte. Heimat bedeutet für mich, dass man sich nicht verstellen muss. Dass man einfach so sein kann, wie man ist. Heimat ist da, wo du dich ganz frei bewegen kannst, ohne darüber nachzudenken. Heimat ist Geborgenheit, aber auch die Gewissheit, dass du nur einen kurzen Moment auf der Welt bist – dafür aber Teil einer langen Kette, die es vor dir gab und nach dir geben wird. Heimat ist Hoffnung und Trost.

Die kirchliche Trauung war vollgepackt mit Emotionen und Highlights. Das größte Highlight war dann das »Ja-Wort«, das wir uns in diesem festlichen Rahmen gaben. Christian und ich waren somit endlich offiziell Mann und Frau. Rückwirkend betrachtet macht es mich sehr glücklich, dass mein Vater diesen für mich so wichtigen Tag miterleben konnte.

Er war dabei, als seine zweite Tochter auch in den sicheren Hafen der Ehe einlaufen konnte. Beim Blick auf viele Bilder unseres Hochzeitsalbums kann ich dich heute noch strahlen sehen. Dafür bin ich jetzt noch dankbarer als damals. Vati, es war wunderschön, dass du gemeinsam mit Mutti bei meiner Hochzeit mit dabei warst. Diese Erinnerung wird mir immer bleiben! Nachdem wir aus der Kirche schritten, wir draußen von unzähligen Menschen, Fotografen und Alphornklängen begrüßt wurden, folgte ein Empfang mit unseren Familien, Freunden und Ehrengästen im benachbarten Schlosshof. Für die Fans hatten wir eine zweite Halle gemietet, in der wir sie bis zu unserem persönlichen Besuch am späteren Nachmittag zu Kaffee und Kuchen einluden. Dort gab es dann auch den von den Fans gewünschten Hochzeitstanz, eine persönliche Rede von uns beiden und etwas Zeit für Fotos.

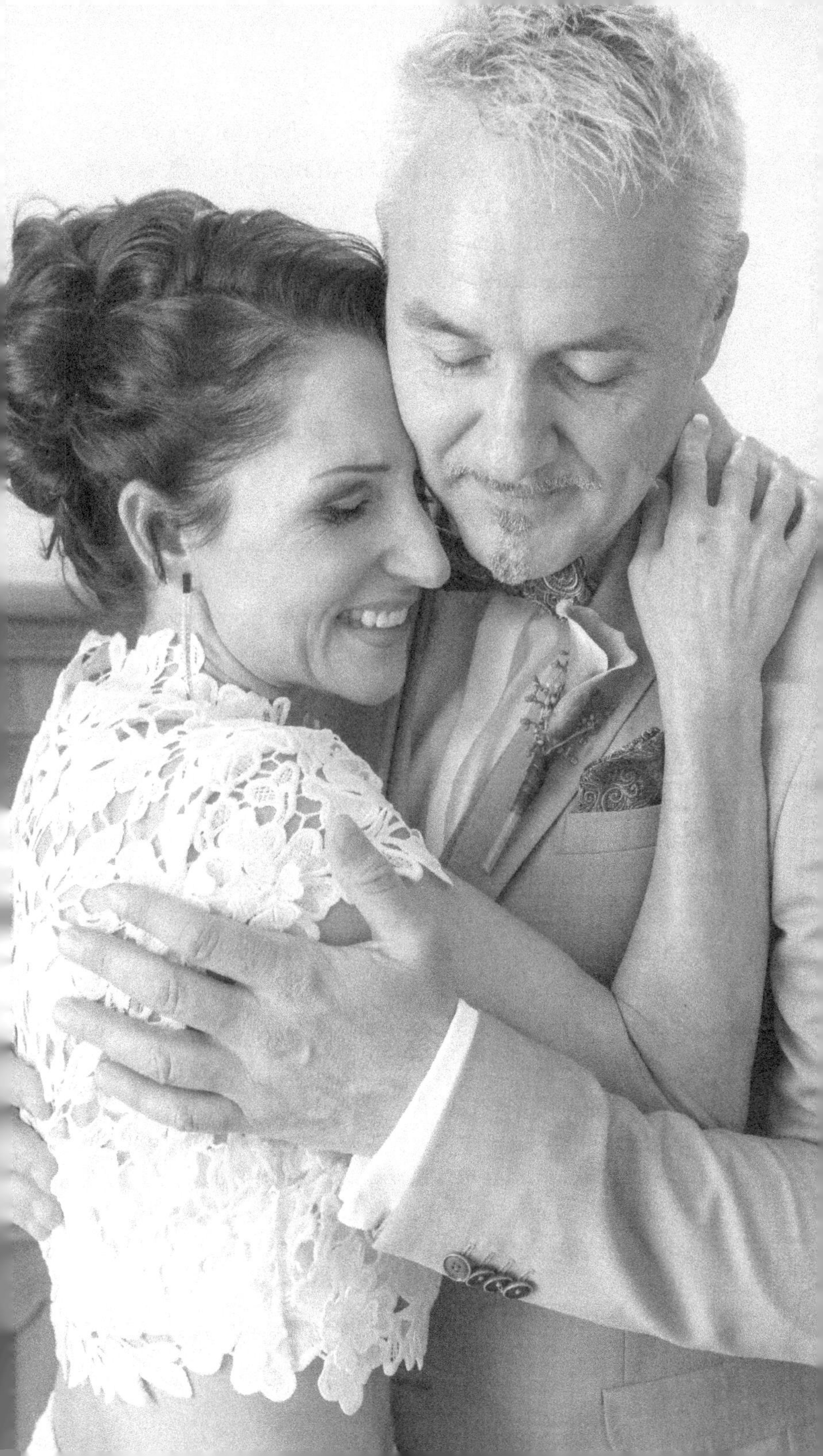

Da an diesem Tag sehr viele Menschen mit uns feierten, alle natürlich auch unsere Hände schütteln wollten, war uns klar, dass wir nicht für jeden Einzelnen viel Zeit haben werden. So entstanden zwei Ideen: Zum einen stellten wir einige Filme zusammen über unser beider Leben. Damit die, die Christian kaum oder gar nicht kannten, etwas über ihn erfahren.

Das Gleiche dann auch für mich. Einige Film-Sequenzen wurden dafür extra noch gedreht. Die Filme wurden sehr lustig und emotional. Als Überraschung zeigten wir abends diese Filme den feiernden Fans, da sie ja dann auf uns persönlich verzichten mussten. Denn zur gleichen Zeit waren wir in einer anderen Halle inmitten unserer Familien, unserer Freunde und den zahlreich geladenen Ehrengästen. Auf diese Weise konnten wir gewissermaßen in zwei Locations gleichzeitig präsent sein.

Zum anderen kam ich auf die irgendwie verrückte Idee, die Fans auf Hochzeitsreise mitzunehmen. Klar, eine Hochzeitsreise macht man eigentlich nur zu zweit. Für mich bot sich damit aber eine großartige Gelegenheit, dass Christian die Menschen näher kennenlernen könne, von denen ich ihm schon viel erzählt hatte. Im Gegenzug würden die Fans auch Christian besser kennenlernen. Mein Mann fand die Idee von Anfang an toll. Gemeinsam mit den Fans ging es dann im Mai 2023 mit einem Bus nach Kroatien.

Es wurde eine wunderbare Hochzeitsreise, bei der wir uns alle gegenseitig noch besser kennenlernen konnten und wir endlich mal genügend Zeit für die Fans aufbringen konnten. Es war auch ein Zeichen an meine Fans, wie wichtig sie uns sind.

Kleine Liebeserklärung an dich, Christian, und mein Leben

Bei dir muss ich niemals um Liebe betteln. Ich muss nie um die Länge eines Kusses diskutieren. Mit jedem Augenschlag, mit jedem Lächeln, mit jeder Bewegung, mit jedem Tun und Handeln zeigst du mir, wie sehr du mich liebst. Genau das habe ich mir immer gewünscht in meinem Leben. Endlich habe ich den Mann gefunden, für den ich das Ein und Alles bin. Trotzdem hast du dein Leben.

Während andere Fußball spielen oder sich bei der Feuerwehr engagieren, bist du närrisch bei den »Überlinger Hänsele«. Auch wenn das deine Fastnacht ist, ich hier nicht Mitglied bin, nimmst du mich mit und zeigst mir deine Welt, die jetzt auch zu mir gehört, wie meine Welt zu dir! Du nimmst mich überall hin mit! Und ich dich! Und immer genießt du, dass ich an deiner Seite bin. Es ist einfach wunderbar! Ein wahrgewordener Traum.

Immer wieder suchst du unbewusst meine Hand, wenn ich in deiner Nähe bin. Wenn ich etwas weiter weg bin, dann suchen mich deine Blicke. Und wenn du mich dann entdeckst, dann sehe ich, wie du strahlst. Du kennst mich so gut und fühlst meine Seele so sehr, dass ich nie erklären muss, wie es mir geht und was ich gerade denke. Du weißt es, ohne dass ich es ausspreche. Ein Leben lang habe ich mich nach dem Gefühl gesehnt, einfach okay zu sein, dass es voll in Ordnung ist so zu sein, wie ich bin. Du sagst mir jeden Tag, wie wunderbar ich bin. Und das zeigst du mir auf so viele verschiedene Arten. Was für ein Geschenk! Wenn du mich in den Arm nimmst, dann vergesse ich alles. Ich spüre eine große Ruhe und Zufriedenheit, wir bilden eine absolute Einheit. Bei dir habe ich meinen inneren Frieden gefunden. Auch wenn es Außenstehende nicht verstehen können oder wollen:

Christian und ich können 24 Stunden zusammen sein. Oft sage ich zu dir: »Ich bin so froh, dass ich dich habe.«

Dann sagst du: »Ich wäre gerne viel früher in dein Leben gekommen, um dir viele Dinge zu ersparen, die du erlebt hast.«

»Jedes einzelne Erlebnis«, antworte ich, »hat mich zu dem Menschen gemacht, der ich heute bin.« Unser beider Leben musste wohl erst im Jahr 2019 zusammenfinden – davor war die Zeit nicht reif, weil wir es wahrscheinlich nicht waren. An unserer Hochzeit habe ich Christian als Überraschung ein Lied gesungen, das ich für ihn geschrieben habe. Es sagt alles aus, was ich fühle:

Da bist du

Künstler: Anita Hofmann, Co-Writer: Anita Hofmann, Björn P. Pfeiffer, Björn Steiner

Ich bin tausendmal gefallen,
hab mich wieder aufgerafft.
Doch der Glaube an die Liebe gab mir Kraft.
Ich war mir für nichts zu schade,
gab sogar mein letztes Hemd.
Denn ich glaubte an den Einen, der mich kennt.

Na dann halt im nächsten Lebn,
hab ich irgendwann gedacht.
wie oft hab ich wach gelegen in der Nacht.
Doch die Sonne kam am Morgen
mit dir an der Hand.
Und nach all den Jahren hab ich dich erkannt.

Daaaaa bist du.
Jeder Weg hat sich gelohnt,
weil in dir meine Seele wohnt.
Daaaaa bist du.
Und du bist für mich perfekt,
weil in dir was ganz Besondres – steckt.

… Da bist du …

Du schenkst mir ganz neue Farben.
Lässt mich über Schatten gehn.
Nur ein Blick reicht aus, dass wir zwei uns verstehn.
Wir sind herzverwandte Seelen.
Tanzen nach dem selben Beat.
Du bist mein zu Hause, schön dass es dich gibt.

Daaaaa bist du.
Jeder Weg hat sich gelohnt,
weil in dir meine Seele wohnt.
Daaaaa bist du.
Und du bist für mich perfekt,
weil in dir was ganz Besondres – ste-e-e-e-eckt.
Hu-hu-hu.

Liest mir Gedanken von den Augen.
Kann mein Glück manchmal nicht glauben.
Gibst mir Lachen, gibst mir Wärme.
Bist mein Spiegelbild von dem ich lerne.

Daaaaa bist du.
Daaaaa bist du. O-ho-o-oh.
Daaaaa bist du.

Ja du bist für mich perfekt,
weil in dir was ganz Besondres steckt.

In der Mitte

Für mich sind heute Schicksalsschläge und schwere Momente nichts weiter als Aufgaben, die unser Schicksal uns stellt; mit dem Ziel, daran wachsen zu dürfen. Ich bin sehr dankbar. Dankbarkeit und Wertschätzung sind für mich das allerhöchste Gut. Dankbar bin ich meinen Fans, die an meiner Seite sind. Ich bin dankbar für all die Menschen, die beruflich an mich geglaubt haben. Auch in der schwierigen Zeit meiner beruflichen Veränderung. In den vergangenen Jahren kristallisierte sich deutlich heraus, wer an mich glaubt und wer ein wahrer Freund ist. Auch in der oberflächlichen harten Show-Branche gibt es tatsächlich Menschen, die einem in Krisenzeiten mit Rat und Tat zur Seite stehen. Auch das ist eine Erkenntnis, die ich aus den letzten Jahren mitgenommen habe. Jeder ist genau zum richtigen Zeitpunkt in mein Leben getreten. Wenn sich eine Tür schließt, dann entdeckt man schon bald den offenen Spalt einer anderen Tür. Man muss nur hingehen und sie öffnen. Das riet mir auch Sozialpädagogin Tatjana Strobel aus der Schweiz. Bei ihr fand ich weitere Antworten über den Ursprung meiner Probleme und wie man sich positiv umprogrammieren kann. Das habe ich getan! Und das tu ich auch jetzt noch!

In meiner beruflichen Umbruchphase, in der sich bei mir alles verändert hat, schenkte mir Christian drei aus Holz geschnitzte Worte, die seitdem in meinem Badezimmer stehen, um sie schon morgens beim Blick in den Spiegel zu sehen und zu lesen: Die Worte lauten: »Mitte, Liebe,

Zuversicht.« Wenn man diese Worte verinnerlicht, schafft man es aus schwierigen, gar ausweglosen Situationen. Davon bin ich überzeugt!

Mitte: Wenn du mit zwei Beinen auf der Erde stehst und du im Herzen deine Mitte fühlst, dann kann dich nichts umwerfen. Die Mitte ist mehr als nur ein Gefühl der Stabilität; sie repräsentiert eine grundlegende Verbindung zwischen deinem inneren Selbst und der festen Verankerung auf der Erde. Indem du im Herzen deine Mitte fühlst und aktiv pflegst, schaffst du eine unerschütterliche Basis, die es dir ermöglicht, selbst in den stürmischsten Zeiten auf beiden Beinen zu stehen. Dieses Bewusstsein für deine Mitte eröffnet einen Raum der Ruhe. Es verleiht dir die Kraft, den Herausforderungen des Lebens mit einer Standhaftigkeit zu begegnen, die von innen herauskommt.

Liebe: Begegne jedem Menschen mit Liebe und nicht mit Aggressionen oder Wut. Egal, was dieser Mensch getan hat. Zugegeben, das ist nicht immer leicht. Aber begegnest du ihm mit Liebe, dann wird die Situation entspannter. Die Kraft der bedingungslosen Liebe übersteigt die Begrenzungen von Aggressionen und Wut. Mit negativen Gefühlen schadest du nur dir selbst. Unabhängig von den Taten eines Menschen entscheidest du bewusst, ihm mit Liebe zu begegnen. Das ist keine emotionale Reaktion, sondern eine bewusste Wahl. Damit tust du in erster Linie dir etwas Gutes. Liebe schafft eine Atmosphäre, in der sich selbst die angespanntesten Situationen lösen können. Liebe ist Einfühlungsvermögen und Vergebung, sie durchdringt deine Beziehung und hat die Macht, die Welt um dich herum zu verändern.

Zuversicht: Gehe zuversichtlich in deine Zukunft, denn du hast alles, was du zum Leben brauchst. Es wird alles gut.

Mit Zuversicht wird dir alles gelingen, was du dir wünschst. Betrete deine Zukunft zuversichtlich, mit einer festen Überzeugung, dass du bereits alle Ressourcen in dir trägst, die für ein erfülltes Leben notwendig sind. Der Blick in die Zukunft wird von einem lebendigen Gefühl erhellt, während die Überzeugung, dass alles letztendlich gut wird, nicht nur eine positive Einstellung ist, sondern eine Antriebskraft. Mit Zuversicht im Herzen begegnest du Problemen mit einem klaren Blick. Du findest innere Stärke, deine Träume zu verfolgen und selbst in den anspruchsvollsten Momenten voranzuschreiten.

Diese drei Worte begleiten mich, wobei ich zugeben muss, dass es mir nicht immer leichtfällt, sie auch konsequent zu leben. Dafür hat das Leben mir schon einige Streiche gespielt und Menschen gebracht, die es nicht gut mit mir meinten, mich nicht verstehen konnten und wollten. Diese Menschen sind Episoden im meinem Leben und spielen nicht mehr die Rolle, die sie vielleicht mal hatten. Sicher bringt die Zeit den nötigen Abstand und dann schrittweise eine entspanntere Sichtweise, womit ich auch hier wieder den drei Worten näherkomme: Mitte, Liebe, Zuversicht.

Diese drei Worte stehen für die Grundeinstellung in dir selbst, sind quasi die Basis. Ganz wichtig bei allem: Darauf zu warten, dass dich irgendjemand aus einem Loch holt, indem du dich befindest, bringt dich nicht weiter. Meist wartet man lange, wenn diese Hilfe überhaupt kommt. Das habe ich selbst oft erfahren müssen. Deshalb gilt: Um etwas zu verändern, musst du selbst anfangen, dich und dein Leben zu verändern. Und ganz wichtig, nimm dir die Zeit, die du brauchst. Mein Mann sagt oft zu mir: »Geh deinen Weg in deiner Geschwindigkeit!« Das hat mir sehr den Druck genommen, denn manche Entwicklung und Veränderung braucht einfach ihre Zeit.

Winnetou auf dem Klappstuhl

Es war auf der Tour »Das Frühlingsfest der Volksmusik« im Jahr 2007. Fast 20 Jahre stand ich nun auf der Bühne. Und immer noch gab es Momente, an denen ich wie ein kleiner Teenager Herzklopfen hatte. Sicherlich wegen dieser besonderen Begegnung. Zigmal im Fernsehen bewundert und jetzt stand er leibhaftig vor mir: Pierre Brice. Backstage direkt an seiner Seite. Ich fühlte mich im ersten Moment ein bisschen wie Apanatschi. Sein französischer Charme füllte jeden Raum. Ein Kavalier der alten Schule. So war er. So war »Winnetou«. Und ich durfte mit ihm auf Tour.

Ich erinnere mich an eine ganz besondere Situation. Nach ein paar Tagen stand plötzlich immer kurz von unserem Auftritt ein Klappstuhl hinter der Bühne. Irgendwann dachte ich, das ist doch kein Zufall. So fragte ich den Tontechniker, warum er jeden Tag zur selben Zeit einen Klappstuhl hinter die Bühne stellt. Das sei ein Auftrag von Winnetou, wurde mir erwidert. »Pierre Brice schaut euch jeden Tag bei eurem Auftritt zu. Deshalb steht auch heute wieder dieser Klappstuhl direkt an der Bühne.«

Der Tontechniker hatte seinen Satz noch nicht mal richtig ausgesprochen, da ging auch schon unser Auftritt los. Während der Show huschten diesmal meine Blicke immer wieder nach hinten. Und, es stimmte, da saß er: Winnetou auf dem Klappstuhl. Seine Augen strahlten und er schien sehr interessiert. Was für eine Ehre.

Gemeinsam mit Pierre Brice 2007.

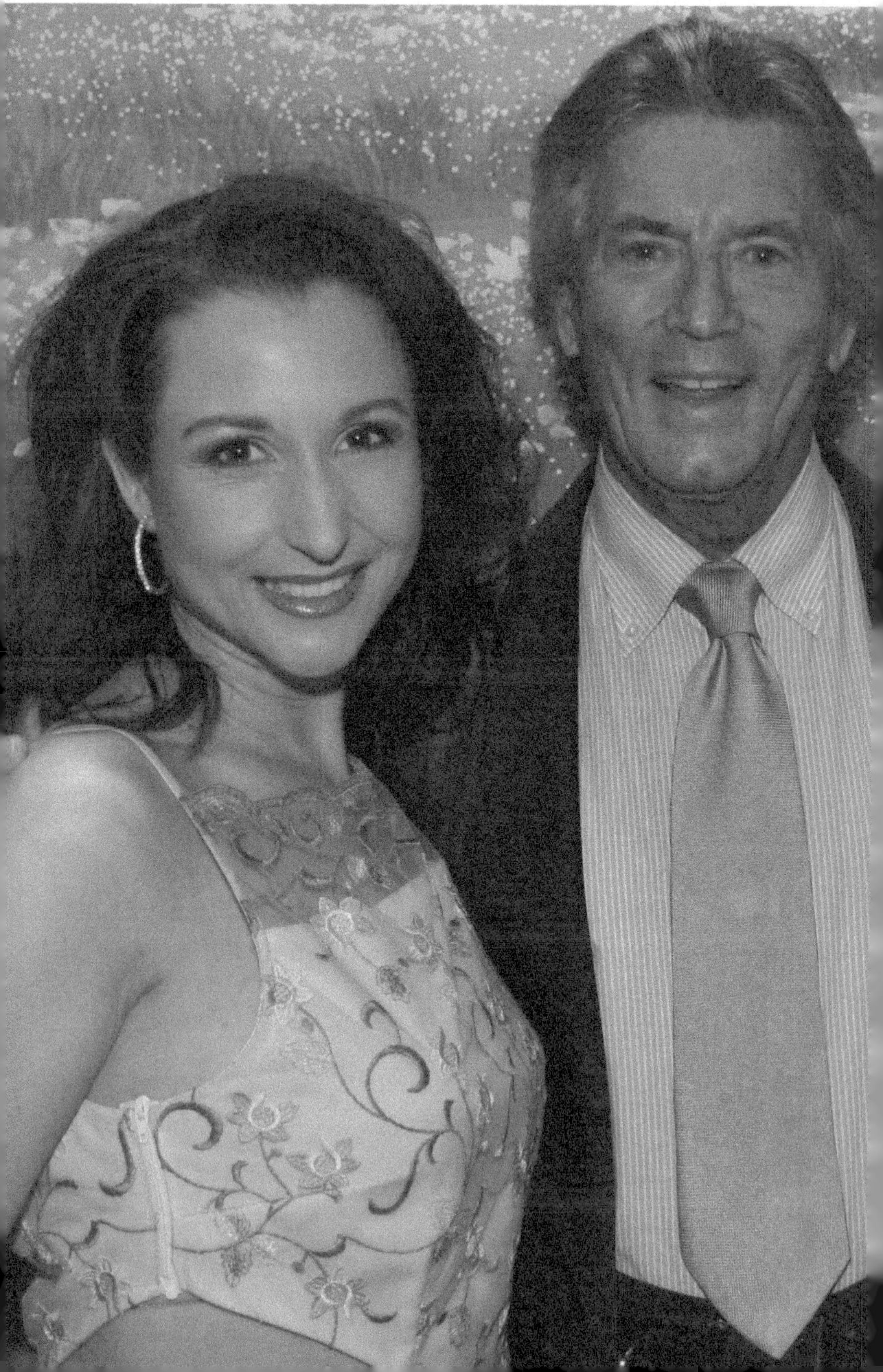

High Heels und Gummistiefel

Die sieben Gesichter einer Frau und Teilzeit-Diva

Wenn man mich auf der Bühne sieht, dann wirkt es so, als ob ich auch privat wie eine Diva in auffallenden Outfits und immer perfekt gestylt herumlaufe. Aber ich bin da ganz anders als auf der Bühne. Die private Anita kann zupacken, wo immer es auch etwas zu tun gibt. Ich bin mir für nichts zu schade. Dann tausche ich High-Heels und Abendkleid auch mal gegen Arbeitsschuhe und Blaumann. Und schon kann es losgehen.

Ich habe viele schöne Kleider in meinem Leben getragen und war oft zu Gast bei vielen Empfängen und in vielen Fernsehsendungen. Immer wieder schritt ich über den roten Teppich. Nicht selten stellte ich mir dabei die Frage: War ich das überhaupt?

Ich wurde häufig mit so viel Schmuck »dekoriert«, dass ich mich nicht wiederfand. Privat trage ich nur ganz kleine Ohrstecker und meinen Ehering. Ich bin privat überhaupt kein Fan von überdimensionalen Kreolen oder dicken Halsketten. Als mir während eines beruflichen Termins an so ziemlich jedes Körperteil ein Schmuckstück angehängt wurde, kam ich mir vor wie ein Weihnachtsbaum. Ich nahm es jedoch mit Humor und gab dem Schmuck den Spitznamen »Lametta«.

Ich liebe die sieben Gesichter einer Frau: sportlich in der Jogginghose, businessmäßig im Hosen-Anzug oder ladylike im Abendkleid inklusive High-Heels für den roten Teppich. Gerne auch mal sexy im kurzen Schwarzen oder, wie ich es nenne, im »Schlumperlook« auf dem Sofa. Natürlich gibt es

Anita auch mal mit Arbeitshose im Garten oder mit Bikini auf dem Liegestuhl.

Mit unserem Frosch kurz nach der Trauung.

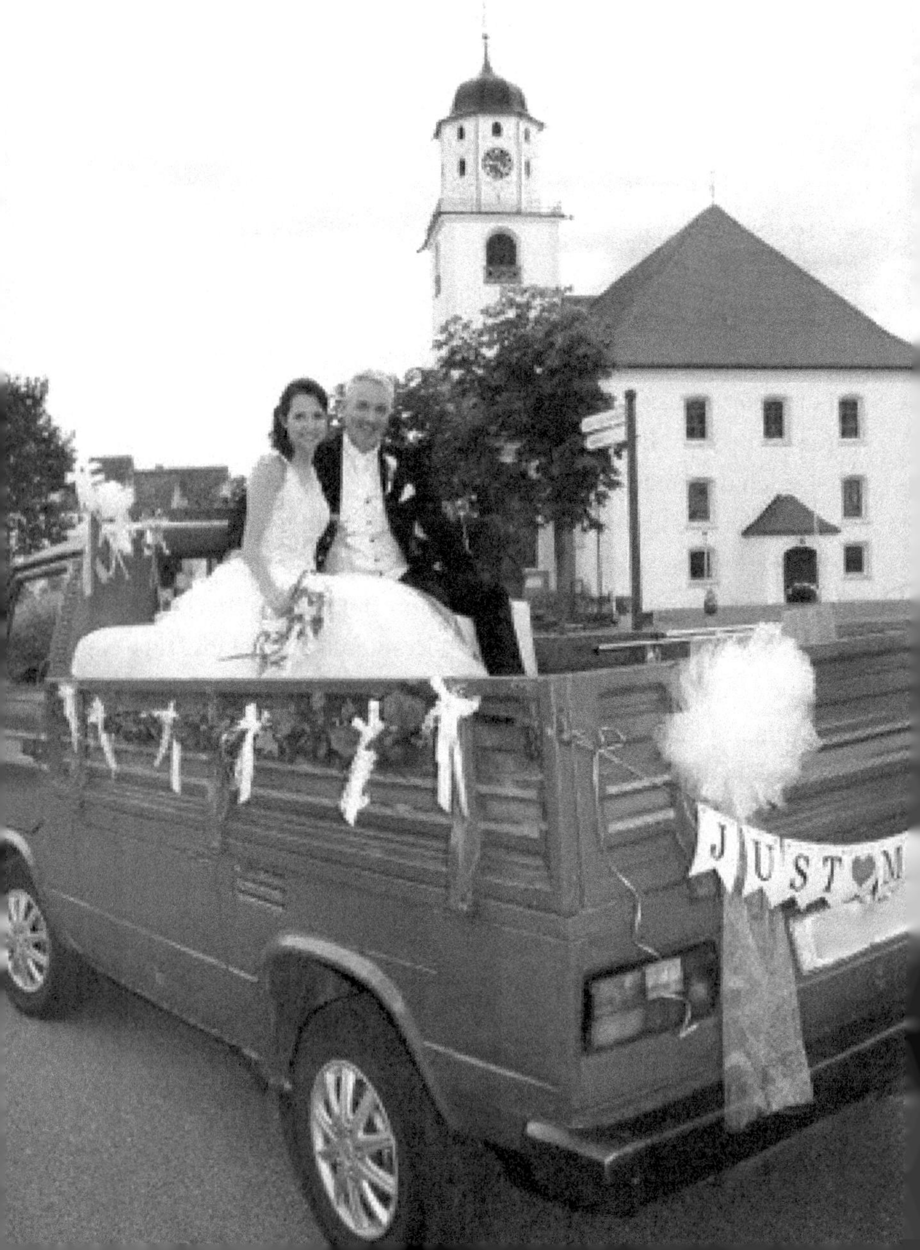

Topgestylt oder ungeschminkt – ich mag alle Gesichter an mir. Ich kann im Abendkleid über den roten Teppich schweben, um danach in meine Arbeitskleidung zu schlüpfen und meiner Mutter die Spitzhacke aus der Hand zu nehmen. Ich nenne mich deshalb auch gerne »Teilzeit-Diva«. Ich liebe es, in High-Heels aufzutreten. Ich liebe es aber auch, meine Zimmermannshose zu tragen. Und man sieht, dass sie getragen ist. Weil ich damit in vergangenen Zeiten schon schwer gearbeitet und kräftig zugepackt habe. Daheim sage ich gern einmal, ich sei der »Kerl« im Haus, was Christian stets zu einem Schmunzeln verleitet. Man sieht, jede Erfahrung im Leben ist für irgendetwas gut.

Wir – also meine Mutter, Alexandra mit ihrer Familie, mein Mann und ich – wohnen gemeinsam auf einem großen Grundstück, auf dem es immer Arbeit gibt. Ist der Rasen auf dem letzten Stück gemäht, könnten wir eigentlich schon wieder von vorne anfangen. Damit wir besser mit der Arbeitslast zurechtkommen, haben sich meine Eltern bereits vor vielen Jahren einen grünen VW-Pritschenwagen zugelegt, dem wir den Namen »Frosch« gaben. Ich liebe dieses Auto. So war es für mich auch schnell klar: das muss unser Hochzeitsauto werden. Ich wollte keine Limousine an unserem schönsten Tag. Ich wollte den Frosch schön geschmückt. Auch mein Mann fand die Idee originell.

Einmal half ich meinen Eltern, im Garten Bäume zu schneiden, Gestrüpp zu entfernen und Schnittgut mit einer Schubkarre abzutransportieren. »Das dauert doch viel zu lange«, dachte ich kopfschüttelnd und kam auf die glorreiche Idee: Anstatt die Berge an Ästen und Unkraut mit einer Schubkarre gefühlte einhundert Mal über das Grundstück zu bringen, um alles auf den »Frosch« zu laden, suchte ich nach einer großen Plane, breitete sie aus und hievte darauf alles Gestrüpp und Schnittgut. Dann zog ich alles bis zum Transporter. So sparte ich mir zahlreiche Schubkarren-Fahrten. Ich wirke wie eine nimmermüde Ameise, die Überdimensionales durch die Gegend zieht.

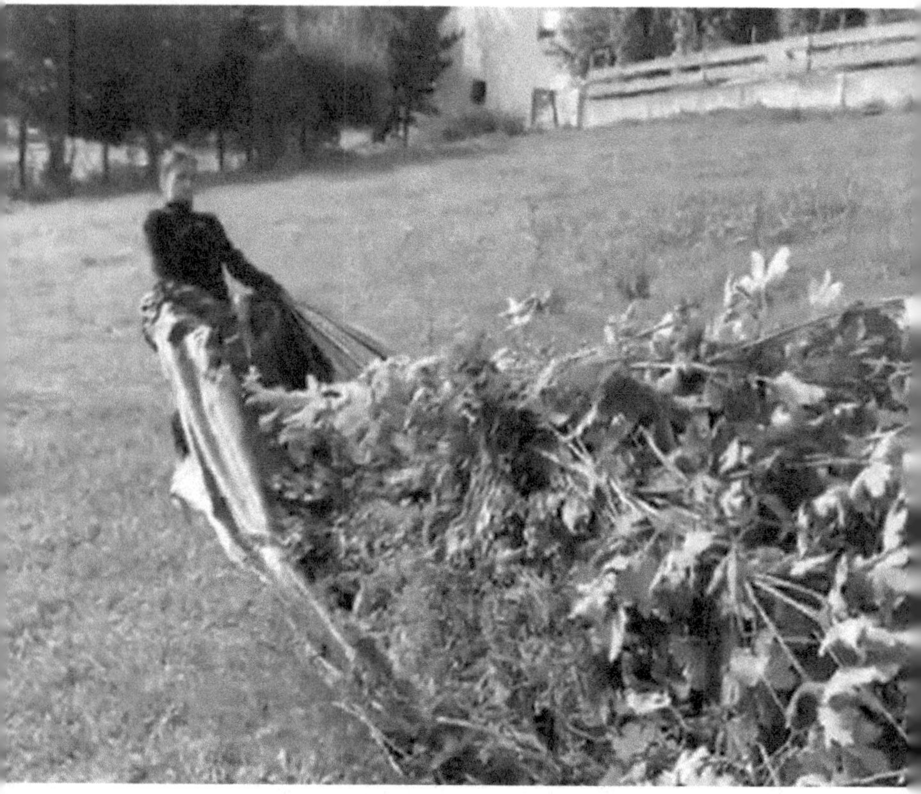

So fühlt sich eine Ameise.

Schon wenig später nach diesem effektiven Garteneinsatz war es höchste Zeit, sich umzuziehen. Ein TV-Termin beim SWR führte dazu, dass sich die »Ameise« von eben wieder mal zur »Teilzeit-Diva« verwandelte. Und so war ich keine zwei Stunden später pünktlich beim SWR und glänzte wieder als Schlagerstar. Genau das bin ich. Genau das ist mein Leben.

Wie ich das Zaubern lernte

In den 90er-Jahren lernte ich bei einer Weihnachtstour den Bauchredner, Zauberkünstler und Moderator Marcus Geuss aus Coburg (Bayern) kennen. Marcus Geuss, der auch mit dem Künstlername »Marcelini« auftritt, wurde zu meinem Zaubermeister. Ein großartiger und vielseitiger Künstler und ein toller Lehrer, denn für unsere damalige Show sollte ich Zauberhaftes darstellen.

Ich stehe auf der Bühne und hole einen Mann aus dem Publikum, der ein Jackett trägt. Vor seinen Augen werden mir durch einen eingeweihten Assistenten die Hände gefesselt, sodass ich nicht mehr in der Lage bin, mich selbst zu befreien. Dann gehe ich in eine Art Kabine bestehend aus Vorhängen. Der Mann aus dem Publikum begleitet mich und steht dabei direkt vor mir. Nur sein Kopf, der Richtung Publikum blickt, ragt zwischen den Vorhängen heraus.

Für genau drei Sekunden schließen sich die Vorhänge, um dann wieder aufzugehen. Wie von Zauberhand trage nun ich das Jackett des Mannes, und das unter meinen Fesseln. Ich habe es geschafft. Mein Zauberlehrer »Marcelini« zeigt sich anschließend total begeistert, weil ich in dieser Nummer sogar schneller war als manch anderer Zauberkünstler.

Dieses Zauberkunststück führte ich eine ganze Tournee lang auf, also fast jeden Tag. Es funktionierte jedes Mal. Nur einmal passierte selbst für mich etwas Magisches. Wie immer wählte ich im Publikum einen Mann mit Jackett und führte ihn auf die Bühne. Nachdem wir kurz in der Kabine verschwunden waren und sich danach der Vorhang erneut öffnete, war alles wie immer: Ich hatte sein Jackett an, unter den Fesseln. Um zu zeigen, wie unmöglich es ist, in so kurzer Zeit gefesselt ein Jackett anzuziehen, während die Fesseln unberührt bleiben, wurden mir nach erfolgreichem Zaubertrick die Fesseln abgenommen. Als ich danach das Jackett des Zuschauers auszog, um es seinem Besitzer zurückzugeben, stellte ich verwundert fest, dass ich auch noch die Weste des verdutzten Mannes trug. Wie es dazu kam, weiß ich nicht. Es ist für mich Ehrensache, dass ich den unter Zauberern üblichen Schwur einhalte, nichts über die Geheimnisse der Zauberei und Magie zu verraten. Daran halte ich mich!

Vertauschte Welt

Glück allein – das erste Mal solo

Ob als »Geschwister Hofmann« oder als »Anita & Alexandra Hofmann« – wir hatten große Erfolge und ich will diese Zeit nicht missen. Die letzten Jahre machten aber deutlich, dass es so nicht weitergehen wird. Auch die Corona-Pandemie, die eigentlich alles zum Erliegen brachte, tat ihr übriges. Alexandra gründete eine eigene Event-Firma, der ich nicht angehöre, und konzentrierte sich eine Zeitlang auf ihr zweites Standbein als bildende Künstlerin im Bereich Pop Art. Das war nicht mein Weg. Während Alexandra nun auch ihren Solo-Weg als Sängerin verfolgt, stand für mich von Anfang an fest: Ich will nur Musik machen. Mir reicht dieses eine berufliche Ziel, für das ich mich stark engagiere.

Als bereits im Jahr 2021 feststand, dass das Gesangs-Duo nicht mehr weitermachen wird und somit das Ende einer Ära besiegelt wurde, organisierte ich meinen Weg in der Show-Branche alleine. Parallel dazu gab es noch zwei Jahre lang einige Auftritte im Gesangs-Duo. Es waren meist Termine, die wegen Corona nachgeholt wurden.

Im November 2023 flogen Alexandra und ich zu unserem letzten gemeinsamen Auftritt. Er fand im ägyptischen Urlaubsparadies El Gouna statt im Rahmen eines Schlagerfestivals des Fernsehsenders »Sonnenklar.TV«. Es war bereits dunkel, als sich zahlreiche Fans und Feriengäste vor der Bühne versammelten, die direkt am Strand errichtet wurde, wo das Rote Meer seine ganze Herrlichkeit entfaltet.

Obwohl Partystimmung herrschte, fühlte ich Wehmut, aber so muss es wohl auch sein nach 35 gemeinsamen

Jahren, die sehr intensiv und wunderschön waren. Während unseres Auftritts musste ich immer wieder meine Tränen unterdrücken. 35 Jahre Gesangs-Duo waren fast mein ganzes Leben. Bei jedem Lied, das wir sangen, dachte ich, wow, es ist das letzte Mal. Ich konnte es einfach nicht glauben. Und doch wusste ich, es ist wahr. Es war sicher einer der emotionalsten Auftritte für mich. Nach unserer tollen Bühnen-Show sind alle Gäste in höchster Partylaune. Nur einer bemerkte, wie ich von der Bühne abging und sofort ins Dunkel des Strands verschwand. Hier musste ich die Tränen nicht mehr zurückhalten. Meine gesamte Gefühlswelt brach aus mir heraus, als mich plötzlich ein Arm berührt. Mein Mann stand neben mir und wir schauten beide in den sternenklaren Himmel. Ich bin dankbar für die schöne Zeit im Gesangs-Duo. Nun gehe ich den beruflichen Weg wirklich alleine. Flüsternd bat ich meinen Mann, an meiner Seite zu sein auf meiner neuen noch ungewohnten Reise. Er haucht mir nur ins Ohr: »Mitte, Liebe, Zuversicht«. Ich wiederholte die Worte leise. Der Tag ist gekommen. Ein neuer Lebensabschnitt beginnt. Loslassen ist gar nicht so einfach.

Alexandra und ich gehen schon seit einiger Zeit getrennte Wege. Ich spüre, dass Alexandra sehr glücklich ist mit ihren neuen Projekten. Sie konzentriert sich jetzt ganz auf sich, muss sich vor niemandem rechtfertigen, keine Kompromisse schließen und muss niemandem irgendeinen Raum geben. Und ich muss mich jetzt ganz auf mich konzentrieren. Ich bin dankbar dafür, dass ich eine Zukunft für mich als Künstlerin sehe, obwohl ich ein Wechselbad der Gefühle durchlebt habe. Alles war zunächst neu, alles war anders, ich hatte Existenzängste. Ohne Alexandra stellte ich mir die Frage: Bin ich jetzt nur noch die Hälfte wert? Werde ich es alleine schaffen? Auch Kollegen sprachen mir Mut zu.

Seit meinem elften Lebensjahr hat mich meine Schwester begleitet, aber jetzt stehen wir an der Wegkreuzung und jede von uns schlägt eine andere Richtung ein.

Anfangs hatte ich großes Herzklopfen, weil auf der Bühne niemand mehr neben mir war. Alle Augen des Publikums sind somit auf dich alleine gerichtet. Von Auftritt zu Auftritt konnte ich aber spüren, dass ich an meiner neuen Herausforderung kontinuierlich wachse, dadurch immer stärker, sicherer und selbstbewusster werde.

Uns wird es nicht mehr im Duo geben

Viele Fans kamen auf mich zu und konnten einfach nicht glauben, dass die Trennung von Alexandra und mir endgültig ist. Sie dachten, dass es neben unseren Solokarrieren auf jeden Fall auch wieder gemeinsame Auftritte geben wird. Das ist aber nicht so und wird auch nicht wieder so sein!

Anfang 2023 habe ich meinen eigenen Fanclub gegründet, der innerhalb von ein paar Monaten bereits über 400 Mitglieder zählte. Als mir meine Freundin Steffi diese stolze Zahl nannte, war ich sehr gerührt. So viele Menschen wollen den Weg mit mir gehen. Vor allem für diese Menschen erstelle ich zweimal im Jahr mein Fan-Magazin. Es trägt den Titel »hautnah«, da sowohl Fans als auch Interessierte hier quasi hautnah mitbekommen, wie sich Anitas Karriere stetig weiterentwickelt. Voller Stolz kann ich sagen, dieses Magazin kommt zu einhundert Prozent aus meiner Hand, also Inhalt, Grafik und Design. Auch hier beweist es sich mal wieder: Man kann alles lernen. Es steckt viel Arbeit darin. Aber ich habe mir vorgenommen: Mein beruflicher Weg, den ich selbst bestimme, soll an allen Ecken und Enden meine eigene Handschrift tragen.

Die Fremdbestimmung ist passé

Auf den gemeinsamen Konzerten und Tourneen mit Alexandra habe ich nicht viel organisieren müssen, denn es wurde mir alles abgenommen. Teils war ich dankbar, teils auch frustriert. Ich hatte manchmal keine Ahnung, wo ich war und wie unsere weiteren beruflichen Pläne aussehen. Wir waren sowieso die ganze Zeit unterwegs. So spielte es auch keine Rolle, ob ich die Nacht zu Hause verbrachte oder im Hotel. Um Mitsprache und Verantwortung hatte ich immer gekämpft, aber nie erhalten. Und das, obwohl ich immer 50 Prozent des Gesangs-Duos war. Ich habe es viele Jahre geschehen lassen, mich danach auch viele Jahre vergeblich darum bemüht. Vielleicht war das zu wenig! Vielleicht war eine anfängliche Teilnahmslosigkeit in den ersten Jahren unserer Karriere ein großer Fehler! Vielleicht sogar der größte meines Lebens!

Ich kann mich nicht über Probleme beschweren, die ich nicht zu lösen versucht habe. Zwar hatte ich Ideen für unsere Shows entwickelt, die oft nicht berücksichtigt wurden, aber es mangelte an meiner Durchsetzungskraft. Alles, was ich sagte, verpuffte immer wieder sang- und klanglos. Deshalb sang ich einfach das, was ich singen sollte, und tat das, was von mir gefordert wurde. Bei der Arbeit habe ich nie darüber gesprochen, sondern meine Aufgaben für mich und im Stillen erledigt. Im Stillen hatte ich meinen Frieden, denn ich wusste, ich entscheide sowieso nicht darüber, was wir auf der Bühne singen und welches Outfit wir tragen. Es war sehr anstrengend, für mein Mitspracherecht zu kämpfen. Je größer meine Wünsche waren, desto weniger wurden sie berücksichtigt und desto mehr regte ich mich auf. Irgendwann war es leichter, diese Situation zu ertragen, irgendwie passiv zu sein, anstatt immer Energie in meine Ideen zu stecken, die dann verpuffen.

Gemeinsame Proben zu zweit gab es leider in den letzten Jahren so gut wie nie. Ich möchte nicht Dinge in letzter Sekunde und unter großem Druck lernen. Aus diesem Grund übte ich immer frühzeitig alleine – ob zu Hause, im Auto und immer wieder auch hinter der Bühne. Ich habe ein gutes Langzeitgedächtnis, brauche aber Zeit und Ruhe, um mir Dinge einzuprägen. Dafür kann ich mir das, was ich einmal weiß, mein ganzen Leben lang merken. Diese Gabe kommt mir oft zugute.

Stillstand führt zum Neuanfang

Irgendwann hörten wir damit auf, große aufwendige Show zu konzipieren - mit verschiedenen Instrumenten, Tanzeinlagen und mit schnellem Kostümwechsel. Wobei genau das alles unsere Besonderheit ausmachte. Inzwischen hatten wir auch den Punkt erreicht, an dem wir uns überhaupt nicht mehr weiterentwickelten. Wir trugen während einer Show nicht nur ein und dasselbe Outfit, wir stellten auch keine neuen Programme mehr zusammen und präsentierten stets dieselbe Setlist.

Einmal entwickelte ich eine Choreografie, von der mein Team nicht überzeugt war. Ich frage mich heute, weshalb ich es nicht geschafft habe, zu überzeugen – ich war schließlich begeistert davon, sprühte vor Leidenschaft über das, was ich erarbeitet hatte. Mein Lebenselixier, das Tanzen, wurde komplett aus unseren Shows genommen. Ein Teil von mir, meine große Leidenschaft, begann zu verwelken.

Deshalb freue ich mich jetzt sehr darauf, dass ich in meiner Solokarriere wieder tanzen werde. Klar, es ist eine große

Aufgabe für mich, meine Programme alleine zu erstellen. Früher hat Alexandra die Zusammenstellung des Programms übernommen. Ich habe zwar einige Ideen eingebracht, aber die letzte Entscheidung traf nicht ich. Solche Situationen gibt es nun glücklicherweise nicht mehr. Wir beide stehen mittlerweile fest im beruflichen Leben – jeder in seinem eigenen: solo und zufrieden. Mit meiner Vergangenheit hadere ich nicht. Sie hat mir so viel geschenkt, was andere nie erleben und erfahren werden.

Auf meinem neuen Weg hatte ich anfangs immer wieder Angst vor dieser großen Herausforderung. Besitze ich überhaupt die Fähigkeit, Show-Programme und Drehbücher zu schreiben. Hatte ich die richtigen Ideen dafür? Dann merkte ich aber schnell: Es geht! Das beste Mittel gegen Angst ist es, es einfach zu tun! Meine Selbstzweifel waren unberechtigt. Zwei liebe Gesangs-Kollegen gaben mir wertvolle Tipps. Ich danke ihnen für die vertraulichen Gespräche, die wir führten. Einer dieser Kollegen sagte zu mir: »Ich gebe dir heute keine Empfehlung, welche Lieder du singen sollst. Es ist egal, was du singst. Wichtig ist, dass du die Songs nicht nur singst, du musst sie leben - aus tiefster Seele.« Obwohl ich zunächst große Zweifel daran hatte, ob mich dieser Ratschlag weiterbringen würden, verinnerlichte ich alles. So achte ich bei der Zusammenstellung meiner Programme darauf, dass nicht nur das Publikum die Songs mag, sondern, dass ich sie wirklich lebe.

Spuren im Leben

Als ich Anfang vierzig war, wurde mir bewusst, dass ich gar keine Spuren im Leben hinterlassen habe. Damals schaute ich die TV-Sendung »Promi-Dinner«. Darin wurden die

Kandidaten gefragt, wie sie sich die Wohnung der anderen Teilnehmer vorstellen. Dann schaute ich mich in meiner eigenen Wohnung um und stellte fest, dass hier nichts war, was ich erschaffen hatte. Es war alles von anderen gemacht. Ich erzählte meiner Mutter davon: »Mama, der Tassen-Ständer hier ist das Einzige in meiner Wohnung, das von mir ist. Wie können wir es hinbekommen, dass die Wohnung wirklich nach mir aussieht? Ich hätte gerne die Farben Rot und Orange, wie die meiner Tassen.«

Als ich dann von einer Tournee zurückkehrte, hatte sich meine Wohnung verändert: Meine Mutter hatte alles in Bewegung gesetzt und mir orangefarbene Kissenbezüge, Teppiche und orangerote Vorhänge besorgt. Zwar hatte ich die Wohnung wieder nicht selbst eingerichtet, aber trotzdem strahlte ich begeistert über das ganze Gesicht. »Jetzt sieht die Wohnung ein erstes Mal nach mir aus!«, sagte ich zu meiner Mutter. Als Alexandra und ich uns beruflich trennten, stellte ich mir dann wieder einmal die Frage, ob ich alleine überhaupt existieren könne und wie wohl die Spuren aussehen, die ich alleine hinterlassen werde. War ich ohne meine Schwester nur noch die Hälfte wert? Nach einem Jahr mit zahlreichen Soloerfahrungen merke ich jetzt, wie es sich anfühlt, ganz ich zu sein. Vorher gab es mich nur im Doppelpack. Aber es war – so scheint es mir – nur die Hälfte von mir. Wenn ich die Songs und Kunst meiner Schwester sehe, dann glaube ich, dass sie wohl ähnlich empfindet. Alles, was ich heute mache, fühlt sich echt an. Ist alles ein Teil von mir.

Vielleicht sind die Dinge, die wir tun und wie wir uns fühlen, wichtiger als die sichtbaren Spuren, die wir hinterlassen. Unser Wirken ist doch immer wie ein Eisberg: Er bleibt zu weiten Teilen unter Wasser, also nicht sichtbar im Verborgenen.

Leben XXL

Mut machen für alle

Positive Emotionen möchte ich ebenso mit meinen Fans teilen wie die negativen. Wir haben alle unsere individuelle Geschichte, aber unsere Gefühle und Sehnsüchte sind dieselben. Die Leute sollen sich in meinen Geschichten wiederfinden und Kraft tanken – diesen Vorsatz habe ich auch in mein Songwriting aufgenommen.

Meine Fanfamilie

Auf der Bühne habe ich oft betont, dass ich mich freue, wenn die Leute mich ansprechen. Ich bin gespannt darauf, was sie zu berichten haben. Deshalb nenne ich meinen Fanclub auch liebevoll meine »Fanfamilie«. Ich weiß, dass es viele Menschen darunter gibt, die alleine und einsam sind. Das sind Menschen, die mir auch davon erzählt haben, dass sie immer auf den richtigen Augenblick in ihrem Leben gewartet haben, um z.B. endlich die lang ersehnte Kreuzfahrt machen zu können oder ihre Füße hochzulegen und nicht mehr arbeiten zu müssen. Dann kam aber alles anders und das Leben machte ihnen einen Strich durch die Rechnung: Der Partner starb, die Krebsdiagnose kam. Träume, die man ein Leben lang hatte, zerplatzten wie Seifenblasen. Einsamkeit machte sich breit. Wahre Schicksale, die viele meiner Fans erleben mussten. Jeder hat seine Lebensgeschichte, die vieles erklärt. Es sind Lebensgeschichten, die ich kenne. So erklärt sich auch die Bindung zu vielen meiner Fans.

Ich möchte mit meiner Musik Mut machen

Dieser Austausch mit vielen verschiedenen Menschen und mein Bewusstsein dafür, dass das Leben endlich ist, hat mich dazu inspiriert, einen Song zu schreiben, mit der folgenden Botschaft: »Leute, lasst uns die kleinen Momente feiern! Die kleinen Momente sind Momente des Glücks, die uns keiner nehmen kann.«

Auf diesem Gedanken heraus entwickelte sich der Text zu meiner zweiten Single als Solo-Sängerin mit dem Titel »Leben XXL«. Für den zugehörigen Videoclip engagierte ich ganz bewusst keine Profitänzer, sondern fragte Fans, Freunde und Bekannte, ob sie Lust hätten, in meinem Video mitzuwirken. Die Botschaft des Videoclips: Jeder kann tanzen. Es kommt nicht darauf an, wie gut man tanzen kann, sondern viel mehr, dass es Spaß macht.

Bei »Leben XXL« geht es ferner um das Zusammensein, um Glücksgefühle. Ausgegrenzt wird bei mir niemand! Der Dreh von »Leben XXL« hat bewiesen, dass alle integriert werden und jeder seinen Teil dazu beitragen kann, was gemeinsames Großes zu schaffen. Wir haben uns zunächst online getroffen. Via Bildschirm habe ich allen meine Choreografie beigebracht. Dabei haben alle so getanzt, wie sie es konnten. Jeder gab sein Bestes. Das Ergebnis ist atemberaubend!

Ausgrenzung ist für mich keine Option

Im Videoclip von »Leben XXL« spiele ich eine Büroangestellte, die im Alltagsstress erstickt. Dann nimmt sie sich das Recht heraus, den Rest des Tages freizumachen. Auf dem Parkplatz vor dem Büro sieht man im Vordergrund einen leuchtendroten Ferrari, dahinter ist ein SUV zu erkennen. Es wirkt beim Betrachten so, als wolle ich in den Ferrari einsteigen. Tatsächlich fahre ich dann aber überraschenderweise zwischen den beiden Luxusautos mit einem roten alten Fiat 500, liebevoll »Knutschkugel« genannt, davon. Dieser Wagen war von den anderen Fahrzeugen verdeckt und so überhaupt nicht zu sehen. Das ist die absolute Schmunzelszene dieses Videoclips.

Unter uns gibt es viele, die sich keinen Ferrari leisten können. Ich will mit meinem Video zeigen, dass es, um glücklich zu sein, keine Rolle spielt, wieviel Geld man hat oder welches Auto man fährt. Spaß und ein gutes Lebensgefühl kann man auch haben, wenn man in einer kleinen »Knutschkugel« unterwegs ist.

In meinem Video steckt noch eine weitere Botschaft. In einer Disco-Szene sitzt ein Mädchen einsam mit ihrem Drink an der Theke. Statt das Mädchen zu ignorieren, gehe ich zu ihr hin, stoße mit ihr an und überrede sie, mit auf die Tanzfläche zu kommen. Dort gehört sie dann auch zur Gemeinschaft. Es braucht manchmal nicht viel, um auch schüchterne Außenseiter zu integrieren. Die Dankbarkeit und Freude, die dann diese Menschen einem entgegenbringen ist unbezahlbar. Der Songtext von »Leben XXL«:

Alles war uns wichtig nur nicht wir
und ich frage mich, gibt's da noch mehr?
Heut' sind wir mal unser Boss!
Und feiern den Moment ganz groß.

Denn wir haben es doch längst verdient,
weil man das Leben nicht verschiebt.
Wir schreiben die Gesetze neu

und bleiben unsrem Leben treu.
Für das Beben! Wir leben den Augenblick.

Das ist Leben, Leben XXL.
Rein ins Leben, diese Nacht wird hell.
Wenn uns die Welt zu Füßen liegt
und unser Kopf das Herz besiegt.

Fühlen wir Leben, Leben XXL!
Und wir schweben.
Das Glück ist längst bestellt.
Wir drücken einfach auf Repeat
und werden eins zu unserm Beat.
XXL!

Die Uhr schlägt wieder Discozeit.
Wie lang hab ich mich drauf gefreut.
Heute Nacht ist viel erlaubt,
egal, wie bunt, egal, wie laut.

Musik ist Wunderelixier.
Das Tanzparkett unser Dance-Revier.
Wir toben uns so richtig aus
und lassen alles aus uns raus.
Für das Beben! Wir leben den Augenblick.

Das ist Leben, Leben XXL.
Rein ins Leben, diese Nacht wird hell.
Wenn uns die Welt zu Füßen liegt,
und unser Kopf das Herz besiegt.

Fühlen wir Leben, Leben XXL!

Und wir schweben.
Das Glück ist längst bestellt.
Wir drücken einfach auf Repeat
und werden eins zu unserm Beat.
XXL!

Mein Herzensprojekt

Über die Begegnung von Jung und Alt

Wir leben in einer Welt des rasanten Fortschritts und nutzen die Digitalisierung dazu, Dinge immer schneller und vor allem immer bequemer erledigen zu können. Alte Menschen fallen leicht aus dieser Welt heraus und können nicht mehr mithalten. Wenn sie außerdem noch in Alten- und Pflegeheimen untergebracht sind, sind sie gesellschaftlich oft vollkommen isoliert. Deshalb möchte ich Begegnungen zwischen Alt und Jung schaffen, von denen wir alle profitieren können.

Meine 75 Jahre ältere Freundin

In unserem ersten Wohnort Jungnau, einem Ortsteil von Sigmaringen (Baden-Württemberg) lebte eine Frau, die schon sehr alt war. Meine Oma bat mich regelmäßig darum, ihr Eier vom Hof vorbeizubringen, wodurch sich im Laufe der Zeit eine tiefe Freundschaft zwischen ihr und mir entwickelte. Die Frau war sehr einsam und längst nicht mehr mobil. Immer wenn sie sich bewusst machte, dass ich vorbeikam, schaute sie die ganze Zeit, fast schon ungeduldig, zwischen den Gardinen in der Küche auf die Straße. Sie freute sich, mich wieder zu sehen. Es tat so gut zu spüren, wie sehr sie sich freute, wenn ich sie besuchte. Diese ausgeprägte Freude, diese Dankbarkeit erlebte ich so bewusst nur bei alten Menschen. Diese alte Frau nahm sich Zeit für mich und ich für sie. Ich liebte es, wenn sie von früher erzählte. Es war wie eintauchen in eine andere Zeit. Ihre Erzählungen waren so detailliert und gepaart mit meiner Fantasie, eigentlich der spannendste Film. Ich hörte ihr sehr gerne zu.

Ihre Augen begannen zu strahlen und ich spürte, es machte sie glücklich. Und das nur, weil ich da war und ihr zuhörte. Ich tat eigentlich nichts Besonderes. Ich schenkte ihr nur Aufmerksamkeit und Zeit. Und das war für sie das allergrößte Geschenk. Das war mein Schlüsselerlebnis über die Bedeutung von Zeit.

Eines Tages beschloss ich, ihr ein Geschenk mitzubringen, um ihr eine Freude zu machen. Kaufen konnte ihr nichts, denn ich hatte kein Geld. So kam ich auf die einfache, aber auch geniale Idee, einen riesigen Strauß mit bunten Wiesenblumen zu pflücken. Damit ging ich dann zu ihr. Als ich ihr den Strauß voller Freude überreichte, fing sie an zu weinen. Zuerst konnte ich gar nicht verstehen, was los war, denn ich meinte es ja nur gut. »Das ist das allerschönste Geschenk, das du mir hättest machen können«, sagte die alte Frau. »Seit Jahren habe ich keine Wiesen mehr gesehen, weil ich fast nicht mehr gehen und deshalb mein Haus nicht mehr verlassen kann. Du hast mir die Blumenwiese ins Haus gebracht. Vielen lieben Dank.«

Dieses Ereignis hat mir gezeigt, dass man Menschen auch mit wenig eine Freude machen kann. Es sind die kleinen Dinge, die von Bedeutung sind. Aber nicht nur der Blumenstrauß als eine kleine Geste der Wertschätzung hat sich in mir eingebrannt, es war auch diese Freundschaft zwischen dem kleinen Mädchen Anita und dieser alten Frau. Heute verstehe ich, dass ihr meine Besuche sehr viel bedeuteten und dass es mir damals unwissentlich gelungen ist, etwas Licht in ihren grauen Alltag zu bringen.

Diese alte Frau ist schon vor Jahren gestorben. Sie lebt aber irgendwie als Freundin in meinem Herzen weiter. Sie hat mich dazu inspiriert, den Kontakt mit alten Menschen zu suchen und sie in meinem Leben nicht auszublenden, sie vielmehr zu integrieren und in die Mitte zu nehmen. Der Kontakt zwischen Alt und Jung ist für mich etwas ganz Besonderes. Er sollte es auch für uns alle sein. Dafür wollte und will ich mich engagieren.

Mit »Ave Maria« den Seelen so nah

Einmal erhielt ich einen Anruf, dass einer meiner Fans nicht mehr zu Hause wohnen könne und deshalb nun ins Pflegeheim gekommen sei. Ich wurde darum gebeten, ihn doch einmal besuchen zu kommen, weil das sein sehnlichster Wunsch sei. Ich brauchte nicht lange zu überlegen. Für mich war sofort klar, dass ich auf jeden Fall dort vorbeischaue. Was ich dann dort erlebte, hätte ich allerdings nicht erwartet. Als ich durch die Tür trat, kam mir sofort ein älterer Herr entgegen, der sich unglaublich freute, mich zu sehen. Er erzählte mir, dass er noch eines meiner letzten Konzerte besuchte und es ihm sehr gefallen habe. »Die anderen warten schon auf Sie«, meinte er kurz danach und zeigte den Gang hinunter. Ich war überrascht. Wer sollten diese anderen sein?

Tatsächlich saßen in einem hellen und freundlichen Besucherraum etwa 35 bis 40 alte Menschen in einem Stuhlkreis. Sie warteten auf mich – mein Besuch hatte sich also schon herumgesprochen.

Mit erwartungsvollen Augen schauten mich alle an. Ich wusste im ersten Moment gar nicht, was ich tun sollte. Zum Glück hatte ich auf dem Handy ein Halbplayback von »Ave Maria«. Zunächst reichte ich jedem persönlich die Hand, stellte mich vor und bedankte mich für diesen herzlichen Empfang. Einige der Bewohner konnten nicht mehr sprechen, aber ich war erstaunt, als ich in ihren Augen eine positive Reaktion bemerkte, als ich sie begrüßte. Anschließend sang ich das »Ave Maria«. Dabei war ich total gerührt, als ich das Strahlen in den Augen der alten Menschen sah, die mir aufmerksam lauschten. Am Schluss schüttelte ich wieder Hände. Manche schilderten mir dabei auch noch ihre Krankheitsgeschichte oder berichteten von anderen tragischen Umständen, die sie letztlich ins Pflegeheim geführt hatten. Mein Besuch war für diese Menschen ein echtes Highlight.

Einige Zeit später erfuhr ich, dass die Pflegeheim-Bewohner noch Wochen von meinem kleinen Auftritt gezehrt hatten. Es war wirklich nur ein Miniauftritt, hatte aber eine ganz besondere Wirkung hinterlassen – nicht nur bei meinem dankbaren Publikum, sondern auch bei mir selbst.

Wir müssen alte Menschen in unsere Mitte nehmen

Durch die Erlebnisse mit der alten Frau und durch meinen kleinen Miniauftritt im Pflegeheim hat sich in mir ein Herzenswunsch entwickelt: Ich möchte, dass wir alte Menschen mehr in unsere Mitte nehmen und nicht einfach abschieben. Ich wünsche mir ein besseres Zusammenleben der alten und der jungen Generation und einen respektvollen Umgang miteinander. In den Alten- und Pflegeheimen sitzen viele tolle Menschen mit großem Wissenspotenzial. Sie alle sind quasi »lebende Geschichtsbücher«, bestehend aus vielen Erfahrungen und Erlebnissen. Hieraus können wir jüngeren vieles lernen. Diese Menschen haben vielleicht noch den Zweiten Weltkrieg erlebt, mussten in schweren Zeiten Hunger und Elend ertragen. Sie können uns von Zeiten erzählen, die für uns nur sehr schwer vorstellbar sind. Und diese Menschen werden immer weniger.

Oft gehen wir jüngere Menschen durch die Welt, getrieben vom stressigen Alltag sowie vom Streben nach Verdienst und Erfolg. Dabei schenken wir diesen »lebenden Geschichtsbüchern« oft keine Beachtung, haben keine Zeit für diese Menschen und ihre Biografien. Das möchte ich ändern – am besten deutschlandweit. Deshalb habe ich in einem Nachbarort von Meßkirch ein Projekt initiiert, in dem Schülerinnen und Schüler ein Praktikum in einem Seniorenheim machen konnten.

Dabei kam es dann im wahrsten Sinne des Wortes zu wundersamen Begegnungen: Schülerinnen und Schüler einer fünften Klasse sangen gemeinsam mit den Bewohnern traditionelle Volkslieder – das Langzeitgedächtnis der alten Menschen funktioniert meistens noch gut, weshalb sich viele sehr textsicher zeigen. Kinder und Jugendliche verstehen dadurch besser, wieso es wichtig ist, Volkslieder zu lernen und als Kulturgut zu erhalten.

An einem anderen Tag malten dann die Schülerinnen und Schüler einer sechsten Klasse mit den alten Menschen. Jeweils zwei Jugendliche saßen mit zwei Senioren an einem Bild. Während die vier den Pinsel schwangen, kamen sie gegenseitig ins Gespräch und erfuhren dabei spannende Dinge übereinander: von den neuen digitalen Schultafeln bis hin zum Schüleraustausch mit einem Nachbarland, ebenso aber auch von den Kohlen, die man damals zum Heizen des Klassenzimmers mitbringen musste und von den kriegerischen Fliegerangriffen während des Unterrichts. Auf beiden Seiten war das Erstaunen über das Erzählte und Erlebte riesengroß.

Eine andere sechste Schulklasse veranstaltete einen Bastelnachmittag und organisierte alles. Im Raum herrschte hierbei eine fast schon ausgelassene Stimmung. Schülerinnen und Schüler einer siebten Klasse führten Interviews, schrieben

Berichte über die Woche im Altenheim und hielten am Ende ein Referat im Unterricht. Dieses Projekt sollte lebende Geschichte vermitteln. Es war etwas vollkommen anderes als das Lernen aus Büchern.

In der neunten Klasse verliefen die Tage im Seniorenheim anders. Schülerinnen und Schüler erhielten hier die Gelegenheit, in die verschiedenen Berufsgruppen zu schnuppern, die es in einem solchen Alten- und Pflegeheim gibt: Elektriker, Köche, Pfleger, Büroangestellte. Zusätzlich gab es die Möglichkeit, einen Rollstuhlführerschein zu machen. Man lernt dabei, wie man einen Rollstuhl aufbaut, wie man damit umgeht und wie man mit Menschen hier auf Augenhöhe spricht.

Was ich mir wünsche, sind regelmäßige Rotkreuzkurse auch in Schulen. In Notfallsituationen wird oft nicht geholfen, weil man nicht weiß, was man tun soll. Jugendliche wachsen damit nicht auf und sind nicht selten überfordert, wenn es mal ernst werden sollte.

Wenn alle zwei bis drei Wochen ein paar Kinder und Jugendliche ein Seniorenheim besuchen, zieht spürbar frischer Wind ein. Selbst die Bewohner, die nicht mehr sprechen bzw. sich nicht mehr mitteilen können, nehmen wahr, dass in ihrem Alltag etwas Neues stattfindet. Dadurch gibt es positive Impulse für Menschen, die oft nur noch von Mahlzeit zu Mahlzeit hinvegetieren.

In unserem Projekt sollten die alten Menschen an die digitale Welt herangeführt werden. So wurden Tablets angeschafft und eine Skype-Station eingerichtet. Dadurch konnte das Pflege-Personal eine Verbindung zu den Angehörigen herstellen, für Video-Telefonie. War eine tolle Sache, auch in Coronazeiten. Gleichzeitig wurden Schüler zu kleinen Lehrern und gaben Crash-Kurse für die Tablet-Anfänger. Die

Senioren lernten, wie man im Internet surft. Eine ganz neue Freiheit und Möglichkeit sich zu Beschäftigen.

Durch die Begegnung zwischen Alt und Jung profitieren beide Seiten. Die Jungen bekommen mehr Verständnis für das Altsein und verstehen endlich, dass der Pflegeberuf mehr ist als Waschen und Anziehen. Die Alten wiederrum gewinnen durch ihren Kontakt mit der Jugend neue Impulse und stimulieren ihr Gehirn – es gibt endlich wieder eine Aufgabe für sie und etwas, auf das sie sich freuen können. Und das wirkt sich letztlich auch positiv auf die Gesundheit und die Lebensqualität der Senioren aus.

Alte Menschen fallen aus unserem digitalen Zeitalter meist heraus

Leider leben wir inzwischen in einer Gesellschaft, die alte Menschen nicht nur gerne in Alten- und Pflegeheime abschiebt. Wir leben auch in einer Gesellschaft, die es alten Menschen immer schwieriger macht, am öffentlichen Leben teilzunehmen. Denken wir nur an die Banken: Dort gibt es eigentlich keinen Bargeldschalter mehr. In kleinen Orten hat inzwischen sogar die letzte Bankfiliale geschlossen und auch eine Bargeldabhebung am Automaten ist nicht mehr möglich. Viele Ärzte sind nicht mehr telefonisch zu erreichen. Termine können nur noch online gebucht werden. Pakete werden an eine Paketstation geschickt, die nur durch einen Scan des QR-Codes bedient werden kann. Wir vergessen in unserem Digitalisierungswahn leicht, dass es Menschen gibt, die noch nie etwas mit dem Internet zu tun hatten, die keinen Laptop und kein Smartphone besitzen und die nicht mit der EC-Karte oder einer App im Supermarkt bezahlen.

Ich wünsche mir sehr, dass wir bei der Gestaltung unseres Alltags auch an unsere älteren Mitmenschen denken. Vielleicht nehmen sich andere Schulen ein Beispiel an unserem großen Schulprojekt und kooperieren auch mit örtlichen Alten- und Pflegeheimen. Wir dürfen zwei Dinge nie vergessen. Vieles geht für immer verloren, wenn die Generationen, die uns vorangehen, nicht mehr da sind. Außerdem werden auch wir alle mal in diesem Alter sein. Es trifft uns somit alle.

Endlich erwachsen

Raus aus dem Kokon!

Die letzten Jahre waren wie ein Befreiungsschlag für mich: Ich bin meine lästigen Krankheiten losgeworden und kann inzwischen ganz normal am Alltag teilnehmen. Endlich habe ich auch beruflich meinen eigenen Weg eingeschlagen und muss mit meinen Ideen und Wünschen nicht mehr zurückstecken. Rückblickend habe ich wertvolle Erkenntnisse gewonnen und prägende Erfahrungen gesammelt.

Wenn ich auf mein Leben zurückblicke, dann muss ich sagen, dass es einige Dinge gibt, die ich aus den Höhen und Tiefen gelernt habe, durch die ich gegangen bin. Jahrelang haderte ich damit, dass ich keine richtige Kindheit hatte und nicht so erwachsen werden konnte, wie es andere konnten und durften. Trotzdem habe ich meine Kindheit und Jugend nicht verloren, sondern eine andere, spannende geschenkt bekommen. Es war ein langer Weg für mich, bis ich verstanden habe, dass ich niemals mehr zwölf Jahre alt sein werde und dass meine Chance auf das Landschulheim für immer vertan ist. Ich werde niemals mit anderen Jugendlichen in der Disco tanzen und meine erste Zigarette heimlich auf dem Schulhof rauchen.

Es ist wichtig, diese verpassten Chancen zu betrauern und dieser Trauer ausreichend Raum zu geben. Aber es ist auch wichtig, dann loszulassen. Nur wer loslassen kann, der kann auch ohne Angst neue Wege gehen. Der Moment, in dem ich meine Kindheit und Jugend für immer losgelassen habe, war ein unendlich befreiender. Erst dadurch konnte ich zu mir selbst finden und so sein, wie ich jetzt bin. So war das auch bei den anderen einschneidenden Ereignissen in meinem Leben. Ich habe sehr lange vieles zugelassen. Fast genauso lange habe ich gebraucht, bis ich begriff, dass man auch einiges weglassen kann, es leichter ist, ohne viel Gepäck aus früheren Zeiten zu reisen. Vor allem, wenn dieses Gepäck extrem belastet. Und mit dem Finden und schließlich Gehen meines Weges habe ich zusätzlich lernen müssen, loszulassen. Und da sind sie wieder, die drei elementaren Dinge des Lebens, die der österreichische Schriftsteller Ernst Ferstl treffend auf drei Wörter heruntergebrochen hat: Zulassen, Weglassen, Loslassen.

Durch diese Erkenntnis habe ich viel Selbstbewusstsein gewonnen. Ich habe jetzt das Vertrauen in mich selbst. Der Antrieb, der mir lange fehlte. Jetzt kann ich meine Zukunft positiv gestalten, weil ich nicht nur meine Schwächen, sondern auch meine Stärken besser kenne. So eine Selbstfindung bedeutet immer einen Wendepunkt im Leben! Auch wenn mir das Weglassen und schließlich das Loslassen im Blick auf das Gesangs-Duo sehr schwergefallen ist, fühle ich mich jetzt in künstlerischer Hinsicht frei und stabil. Das merkt man meiner Musik an, mit der ich jedem Mut machen möchte. Ich habe erfahren müssen, wie es ist, wenn sich Ängste, Sorgen und Selbstzweifel in den Körper fressen, sich dort einlagern und letztlich Krankheiten verursachen, die die Lebensqualität und Lebensfreude einschränken. Wenn die Seele leidet, wird zwangsläufig auch der Körper krank.

»Sei einfach nur schön!« Das reicht nicht für ein erfülltes Leben. Auch nicht, wenn man, wie ich, der Show-Branche angehört. Hier wirkt zwar immer alles perfekt. Mein Aussehen ist Teil meines Jobs. Darauf habe ich immer wert gelegt, auch während den gesundheitlich dunkelsten Stunden. Davon hat kaum jemand etwas mitbekommen. Ich habe aber für dieses »Sei einfach nur schön« einen hohen Preis bezahlt. Es ist nie zu spät, das zu erkennen, auch wenn das Leben dir zunächst einmal in den Arsch treten muss – oder in meinem Fall sogar mehrmals. Ich habe es erkannt und meine Veränderung begonnen. Ich bin auf diesem Weg. Aus »Sei einfach nur schön« wird »Sei einfach du selbst«.

An dieser Stelle möchte ich mich bei allen bedanken, die dieses Buch gelesen haben, dabei auch Interesse an meinem Leben, meinen Erfahrungen und Erkenntnissen gezeigt haben. Vielleicht kann der eine oder andere daraus etwas für sein Leben ableiten oder Ansätze finden, wie man etwas bei sich verändern kann. Das würde mich natürlich freuen. Ich denke, ihr werdet künftig mich und meine Songs auch anders wahrnehmen und meine Botschaften darin sicher leichter erkennen und verstehen. Ich möchte es nicht versäumen, mich hier noch herzlich bei so vielen Gönnern und Fans zu bedanken, die seit langem schon treu an meiner Seite sind. Danke für eure Unterstützung und eure Wertschätzung. Ohne euren Glauben an mich wäre ich nicht da, wo ich jetzt bin: erwachsen, glücklich und stark. Danke, dass es euch gibt.

Eines verspreche ich euch. Ihr werdet noch viel von mir hören. Vor allem ganz viel Musik.

Danksagung

An dieser Stelle möchte ich mich noch bei allen bedanken, die an der Entstehung dieses Buches in irgendeiner Form beigetragen haben. Mein besonderer Dank gilt auch den Menschen, die mir vor allem in den letzten Jahren beigestanden haben.

Danke für euren Glauben an mich:
Danke, dass ihr mir immer wieder Mut gemacht habt.
Danke für eure Geduld.
Danke für die Hoffnung, die ihr mir gegeben habt.
Danke für die Kraft, die ich durch euch bekam.
Danke für eure Freundschaft.

Wahre Freunde waren mir Géraldine Olivier und ihr Ehemann Lutz Ribatis sowie Eddy Bachinger. Diese drei standen mir bei meinen ersten Schritten auf meinem beruflichen Solo-Weg vertrauensvoll zur Seite. Danken möchte ich auch Texter Tobias Reitz, Komponist Hens Hensen sowie meinen lieben Songwritern, die gemeinsam mit mir den wichtigsten musikalischen Grundstein in meiner Solokarriere gelegt haben: mein Debütalbum Voll auf Schlager.

Danke an die Veranstalter, die mich bei meinem Neustart unterstützt haben.

Danke an Sozialpädagogin Tatjana Strobel, die mir viele Antworten auf brennende persönliche Fragen gegeben hat – Fragen, die mich ein Leben lang beschäftigt haben.

Danke an einige besondere Künstlerkollegen, allen voran Michael Holm, Marc Marshall und neuerdings auch Walter Scholz für eure künstlerischen Tipps und eure Unterstützung.

Danke auch an Dagmar Ambach für die kompetente Beratung in vielen Bereichen und für die Begleitung bei diesem Buchprojekt.

Schließlich danke ich meinen Freunden, meinen Fans, meiner Freundin Steffi, meinen Eltern und meinem Ehemann Christian. Danke, dass ihr mit mir durch Höhen und Tiefen gegangen seid und dabei unaufhörlich an mich und an meinen Weg geglaubt habt. Es tut gut, zu wissen und zu spüren, dass ihr mit mir geht. Natürlich danke ich auch dem Molino Verlag, der mir gerade in dieser Zeit der Veränderung die Möglichkeit gegeben hat, eine solche Autobiografie zu schreiben. Es passt einfach zu allem, was gerade in meinem Leben passiert.

Eure Anita